Das Buch vom DACH AUSBAU

HORST FISCHER-UHLIG

Das Buch vom DACH AUSBAU

Dachräume zum Wohlfühlen: Ideen, Details, Beispiele.

EBERHARD BLOTTNER VERLAG · TAUNUSSTEIN

CIP-Titelaufnahme der Deutschen Bibliothek

Fischer-Uhlig, Horst:
Das Buch vom Dachausbau:
Dachräume zum Wohlfühlen: Ideen, Details, Beispiele/
Horst Fischer-Uhlig.–
5. Auflage
Taunusstein: Blottner, 1995
ISBN 3-89367-021-1

Dieses Buch entstand in Zusammenarbeit mit dem Fachschriften-Verlag, Fellbach
Bildrechte: Archiv Fachschriften-Verlag (Reichel, Thomas), Fellbach
Umschlaggestaltung: Werner Schur
Druck: Druckhaus Darmstadt GmbH, Darmstadt
Printed in Germany
© 1995, Eberhard Blottner Verlag, D-65219 Taunusstein
ISBN 3-89367-021-1

DER INHALT

Warum Dachgeschoßausbau?

Wohnformen sind Kinder der Zeit: Zeitgemäße Bedürfnisse sind es, die sie prägen, zeitgemäße Bedingungen fördern sie. So hat sich in den letzten Jahrzehnten der Dachgeschoßausbau zu einer eigenständigen Wohnform entwickelt, mit architektonischen Reizen und der Atmosphäre einer Behaglichkeit, wie sie nur unterm schrägen Dach möglich sind.

Am Anfang dieser Wohnform stand die Notwendigkeit. Denn Grundstücke sind knapp und teuer in den Städten und in ihrem Umfeld, der Wunsch nach mehr Wohnfläche ist lebhaft, die Forderung nach möglichst wirtschaftlichen Verbesserungsmaßnahmen dringend.

Dachgeschoßausbau kann ein preiswerter Weg zu mehr Wohnfläche in einem Ein- oder Zweifamilienhaus sein, er kann aber auch einen günstigen Weg zu einer eigenständigen Wohnung unterm Dach eröffnen. Man kann leere Dachgeschosse, die es wie Eigentumswohnungen zu kaufen gibt, einfach ausbauen, aber auch komfortabel bis hin zur großzügigen Zweigeschoßwohnung unterm Dach, die als Haus auf dem Haus wirkt.

Dieser Freiheit, über die Kosten weitgehend selbst entscheiden zu können, entspricht die Freiheit individueller Gestaltung. Selbst wo konstruktive Gegebenheiten entgegenstehen, wo z. B. ein Ständer der Dachkonstruktion der erwünschten Raumgestaltung im Wege ist, läßt sich durch Unterzüge und Verstärkungen Rat schaffen. Hier sind Phantasie und Erfahrung des Fachmanns gefordert, der gelernt hat, mit einfallsreicher Gestaltung auf die Bedingungen zu antworten, die er vorfindet. Und der noch einem Kompromiß, wo er nicht zu umgehen ist, eine Gestaltungsidee abzugewinnen vermag.

Wer Holz liebt, seine warmen Töne, der kann sich hier unterm Dach ebenso seine Wünsche erfüllen wie der Freund glatter, sachlich-kühler, weißer, in hundert Grautöne hinüberspielender Flächen.

Dachgeschoßwohnungen haben viele Vorzüge. Dieses Buch beweist es.

Welches Dachgeschoß eignet sich?

Wer sein Dachgeschoß ausbauen möchte, dem stellt sich zunächst die Frage, ob die Dachkonstruktion, die Dachneigung dies auf wirtschaftliche Weise zulassen. Um welche Konstruktionen und Neigungen geht es?

Einige einfache Überlegungen genügen, um den Blick für die Punkte zu schärfen, auf die es ankommt. Vergleichen wir die hier abgebildete Pfettendach-Konstruktion mit dem darunter gezeigten Sparrendach, dann wird mit einem Schlag deutlich: daß beim Pfettendach der Mittelpfosten, mitten im Raume des künftigen Dachausbaus, die Planung zu behindern vermag, ein Sparrendach in der Regel für den Ausbau also geeigneter sein wird. Natürlich wird ein erfahrener Planer auch solche Pfosten oft in die Gestaltung einbeziehen: Doch können sie eine vernünftige Planung auch so sehr behindern, daß nur bleibt, sie zu entfernen und die Lasten, die sie trugen, durch konstruktive Änderungen abzufangen: Und das kostet Geld.

Die unterste Zeichnung zeigt eine Kehlbalkendach-Konstruktion: Der Kehlbalken, der parallel zum Deckenbalken verläuft, bietet, bei genügender Größe des Dachraums, der Planung die Chance, ihn als Fußboden für eine Empore zu verwenden oder gar für den Ausbau einer Wohnung auf zwei Ebenen, einer Maisonette-Wohnung.

Die Dachformen

Ob ein Dachgeschoß sich für den Ausbau eignet, hängt auch von den Dachformen ab. Welche Dachform günstig ist, macht ein Blick auf die rechte Zeichnung augenfällig: Das Satteldach bietet den Vorteil zweier gerader Giebelwände und die Möglichkeit, durch Anheben des Daches, durch Aufmauern eines sogenannten Kniestocks, die Wohnfläche des Dachgeschosses wesentlich zu vergrößern.

Der Nachteil des Walmdachs liegt in den vier Dachschrägen und der dadurch verminderten Grundfläche mit ausreichender Höhe.

Die Dachneigungen

Bei den Dachneigungen sind 35 bis 55 Grad für einen Ausbau am günstigsten. Je steiler das Dach, desto größer die Chance, den Dachraum in zwei Ebenen zu nutzen. Erscheinen Ihnen Dachkonstruktion, Dachform und Dachneigung als geeignet für einen Ausbau, dann ist es an der Zeit, sich erste genauere Gedanken über die Art zu machen, in der Sie das Dachgeschoß nutzen wollen. In diesem Stadium der Überlegung einen Fachmann hinzuzuziehen ist hilfreich: Seine Erfahrungen können diesen Überlegungen sicheren Grund bieten.

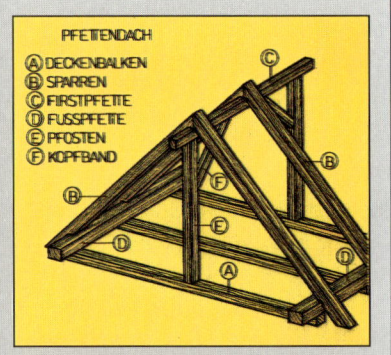

PFETTENDACH
Ⓐ DECKENBALKEN
Ⓑ SPARREN
Ⓒ FIRSTPFETTE
Ⓓ FUSSPFETTE
Ⓔ PFOSTEN
Ⓕ KOPFBAND

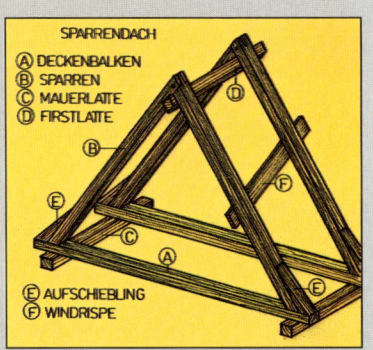

SPARRENDACH
Ⓐ DECKENBALKEN
Ⓑ SPARREN
Ⓒ MAUERLATTE
Ⓓ FIRSTLATTE
Ⓔ AUFSCHIEBLING
Ⓕ WINDRISPE

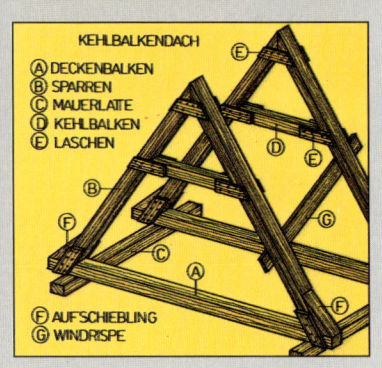

KEHLBALKENDACH
Ⓐ DECKENBALKEN
Ⓑ SPARREN
Ⓒ MAUERLATTE
Ⓓ KEHLBALKEN
Ⓔ LASCHEN
Ⓕ AUFSCHIEBLING
Ⓖ WINDRISPE

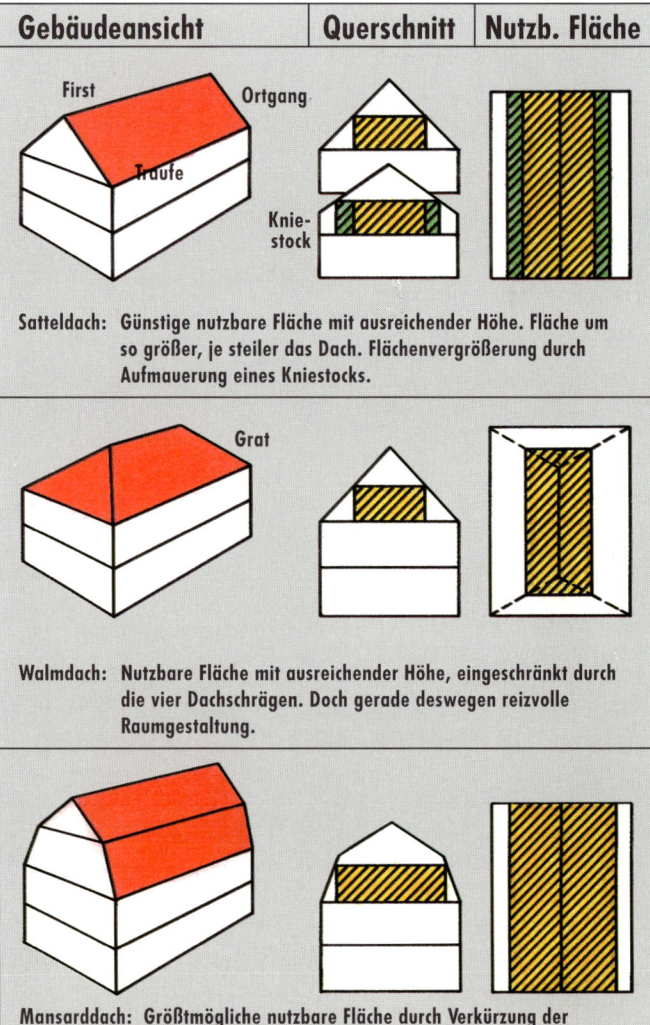

| Gebäudeansicht | Querschnitt | Nutzb. Fläche |

Satteldach: Günstige nutzbare Fläche mit ausreichender Höhe. Fläche um so größer, je steiler das Dach. Flächenvergrößerung durch Aufmauerung eines Kniestocks.

Walmdach: Nutzbare Fläche mit ausreichender Höhe, eingeschränkt durch die vier Dachschrägen. Doch gerade deswegen reizvolle Raumgestaltung.

Mansarddach: Größtmögliche nutzbare Fläche durch Verkürzung der Schrägen und senkrechte Giebelwände. Abseiten noch als Stellflächen nutzbar.

Baurecht: Sorgt auch für Sicherheit

Für einen Dachausbau müssen nicht nur die bautechnischen Voraussetzungen stimmen, wie sie durch geeignete Dachkonstruktionen, ausreichende Dachneigung und Statik gegeben sind: Auch die Bauaufsichtsbehörden haben ein Wort mitzureden. Denn Dachausbau ist eine genehmigungspflichtige Nutzungsänderung, und dafür ist eine Baugenehmigung nötig. Den Antrag um Genehmigung eines Dachausbaus aber kann nur ein bauvorlageberechtigter Entwurfsverfasser stellen: Also immer ein Architekt, in manchen Ländern auch ein Bau-Ingenieur oder Meister eines Bauhandwerks. Eine Baugenehmigung einzuholen ist natürlich auch dann notwendig, wenn ein Bauherr sein Dachgeschoß in Eigenleistung ausbaut.

Verständlicherweise sind es keine freundlichen Gedanken, die einen Bauherrn erfüllen, denkt er an die baurechtlichen Hürden, die er nehmen muß. Doch sollte er bedenken, daß auch eine Bauaufsicht sich nur im Rahmen der gesetzlichen Vorschriften bewegen kann. Diese Vorschriften reichen vom Bauplanungsrecht des Bundesgesetzgebers bis zum Bauordnungsrecht, das Sache der jeweiligen Bundesländer ist.

Wenn Dachgeschoßausbauten nicht genehmigt werden, dann meist aus Gründen, die im Bauordnungsrecht zu finden sind. Die von Bundesland zu Bundesland unterschiedlichen Vorschriften sind eine der Hauptursachen für die Unübersichtlichkeit des deutschen Baurechts.

Aus diesem Grund ist es ratsam, schon zu einem frühen Zeitpunkt der Planung das Gespräch mit den zuständigen Baubehörden zu suchen. Sie ersparen sich dadurch falsche Planungen und unter Umständen auch viel Ärger. Bauaufsichtsbehörden sind je nach Bundesland den Bezirks-oder Ortsämtern, den Kreis-, Amts- und Stadtverwaltungen oder auch Stadtteilbehörden und Landratsämtern zugeordnet. So vorzugehen lohnt sich wirklich.

Hier einige wichtige Vorschriften, die sich als Hindernis erweisen können:

☐ Zwei Drittel der Grundfläche eines Dachraums müssen eine lichte Höhe von 2,40 m aufweisen. (Manche Landesbauordnungen beschränken ihre Forderung auf die Hälfte der Grundfläche und nennen niedrigere Höhen.)

☐ Die Fläche der Fenster, mit denen das Dachgeschoß belichtet wird, muß ein Zehntel der Raumgrundfläche betragen. (In manchen Ländern ein Achtel.)

☐ Als Zugang zum Dachgeschoß wird bei Ein- und Zweifamilienhäusern eine feste Treppe von mindestens 80 cm Breite zwischen den Handläufen gefordert, bei Mehrfamilienhäusern muß die Breite 100 cm betragen. (Auch diese Maße schwanken je nach Bundesland.)

☐ Dem Brandschutz dienen, neben den Vorschriften über die feuerhemmende Bekleidung von Bauteilen, auch die Vorschriften über Rettungswege und Anleiterhöhen der Feuerwehr. Bei mehr als zwei Wohnungen kann sich auch das Problem stellen, daß durch nachträglichen Dachausbau jene brandschutzrechtlichen Privilegien verloren gehen, die Einfamilienhäuser nach der Systematik der Bauordnungen genießen. Auch das ein Grund, so früh als möglich die Bauaufsicht zu fragen.

☐ Häufig müssen auch bei Dachausbau zusätzliche Pkw-Stellplätze nachgewiesen werden. Hier kann die Naturschutzbehörde Forderungen zur Befestigung der Oberfläche stellen; selbst nachbarrechtliche Gesichtspunkte sind bei der Anlage von Pkw-Parkplätzen zu beachten.

☐ Auch die Forderungen nach Mindestflächen für Abstell- und Trockenräume je Wohnung sind durch die Landesbauordnung gestellt.

☐ Ja selbst der Forderung, jede Veränderung am Dach habe sich der Eigenart der näheren Umgebung oder einer Gestaltungssatzung der Gemeinde einzufügen, ist mitunter gerecht zu werden.

Kurz: Eine Baugenehmigung wird alle öffentlichen Belange einschließlich der öffentlich-rechtlich geschützten Belange des Nachbarn einschließen.

Mit der Baugenehmigung in der Hand hat der Bauherr die Gewähr, sicher seine Pläne verfolgen zu können.

Übrigens: Je nach Bundesland gibt es auch Ausnahmeregelungen: Abweichungen von gewissen planungsrechtlichen Vorschriften, Verminderung der lichten Höhe auf 2,20 m, Verzicht auf Nachweise für Standsicherheit, Schallschutz und Wärmeschutz unter bestimmten Umständen, Spitzbodenausbau, und so fort. Deshalb: Rechtzeitig die Bauaufsicht fragen, was möglich ist!

Ein Dachgeschoß läßt sich auf vielerlei Weise nutzen

Auf vielerlei Weise bedeutet hier sowohl für vielerlei Zwecke, wie in vielerlei Gestaltungen. Wobei man die Gestaltung, und das zählt zu den besonderen Reizen des Dachgeschoßausbaus, als Antwort auf den gegebenen Raum unterm Dach ansehen sollte.

Um der gestaltenden Phantasie freie Bahn zu schaffen, ist vor allen anderen Überlegungen zu entscheiden, ob das Dachgeschoß als vollständige Wohnung ausgebaut werden soll oder ob man durch den Raum unterm Dach eine darunterliegende Wohnung, zum Beispiel im Ein- oder Zweifamilienhaus, vergrößern möchte.

Dachwohnung

Ob sich ein Dachgeschoß für eine vollständige Wohnung eignet, hängt nicht nur von der Größe der Grundfläche ab: Man muß auch klären, wieweit die üblichen Funktionsbereiche wie Küche, Bad, WC, Wohnraum, Schlafraum unterzubringen sind. Wo nicht, muß man mit sich einig werden über die Kompromisse, die man

selbst zu akzeptieren bereit wäre. Gründlich überlegen!

Soll die Dachgeschoßwohnung vermietet werden, stellen sich dieselben Fragen, nur anders gewichtet. Hier zeigt die Erfahrung: Ungewöhnliche Lösungen sind für junge Leute als Mieter akzeptabler als für ältere Menschen, die durch Lebensgewohnheiten bereits geprägt sind. In diese Überlegungen wird auch die Frage einzubeziehen sein, welche Ausstattung, welche Farbgebung, welche Materialien zu wählen sind. Das alles ist keinesfalls nur eine Frage der Kosten.

Wohnflächen-Erweiterung

Ganz anders stellt sich die Situation dar, wenn der Raum unterm Dach zur Erweiterung einer darunterlie-

Oben: Für die Einbauküche unterm Dach gibt es geeignete Hängeschränke. Anregung: Praktische Nutzung des Raums unterm Fensterbrett des Dachflächenfensters. Quelle: Alno
Rechts: Wohnen, Essen, Kochen in einem Raum. Anregung: Mehr Helligkeit durch Kombination von Dachflächenfenstern und weißgestrichener Dachkonstruktion. Quelle: Velux

Rechts: Spielzimmer unterm Dach. Anregung: Kindersperre verhindert Öffnen des Dachflächenfensters. Unten: Mehr als ein Bad: Ein Raum zum Entspannen. Anregung: Verbreitertes Fensterbrett als Abstellfläche, darunter Platz für Heizkörper. Quelle: Velux

Oben: Dusche. Anregung: Fliesenkombination schwarz/weiß. Quelle: Villeroy & Boch
Unten: Spitzboden. Anregung: Weiß nimmt dem Raum die Enge.

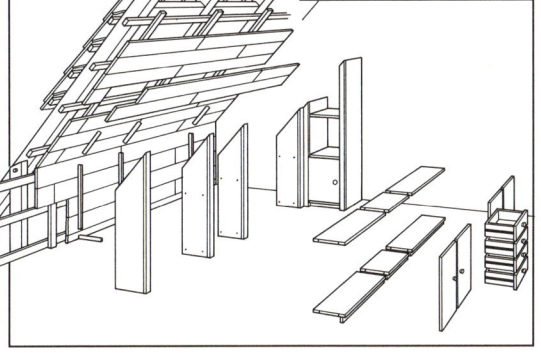

Die Holzindustrie bietet Fertigelemente für Verkleidung und Möblierung der Räume unterm Schrägdach. Anregung: Jeden Quadratzentimeter des Raumes nutzen. Quelle: Parador

genden Geschoßwohnung dienen soll. Hier hat die gestalterische Phantasie ein weites Feld, die Nutzung mit den baulichen Gegebenheiten in Einklang zu bringen: Hier kann Originelles, Ungewöhnliches entstehen. Die Aufteilung des gegebenen Raumes läßt hier soviel Freiheit wie die Möblierung oder die Farbwahl. Man bedenke nur, welche Unterschiede in der Gestaltung der Raumhülle möglich sind. Stellen Sie sich einen Dachraum vor mit dunkel gestrichenem Sparren- und Holzwerk, dazwischen weiße Felder: eine kühle, grafisch wirkende Lösung. Oder stellen Sie sich alles, Holzwerk und Flächen, weißgestrichen vor: dieser Raum wirkt weit, fast entmaterialisiert. Oder stellen Sie

sich Holzwerk holzfarben und die Flächen zwischen den Sparren im gleichen Tone verkleidet vor: dann sehen Sie eine behagliche, rustikale Raumgestalt vor sich. Kurz: Es gibt viele gestalterische Möglichkeiten.

Nutzungen

Als was läßt sich nun der Raum unterm Dach nutzen? Eine reizvolle Nutzung ist es, den Raum ungeteilt zu lassen und als Privatissimum für die Familie zu richten: Jedem wird in einer Gesamtplanung ein Platz nach Wunsch eingerichtet, wo er tun kann, was ihm Spaß macht. Als Einrichtung können durchaus alte Möbel dienen, die man von Platz zu Platz in einer anderen frischen Farbe streicht. So schafft man einen Raum, der fröhlich macht. Gern werden Dachgeschoßräume auch als Refugien eingerichtet, zum Zurückziehen, zum Ausruhen, Entspannen, zur stillen Beschäftigung, die nach Alleinsein verlangt. Der Raum unterm Dach kann aber auch als großzügiger Schlafbereich genutzt werden, vielleicht mit ebenso großzügigem Bad und Fitneßbereich. Oder als Fitneßbereich allein. Oder als Kinderzimmer mit zweckmäßig eingerichtetem Spielbereich. Oder als Spielzimmer allein. Dort läßt sich ein Gastzimmer einrichten, doch auch ein Arbeitszimmer. Eine Bibliothek oder ein Hauswirtschaftsraum. Eine stille Ecke fürs Briefmarkensammeln oder für tausenderlei Hobbys. Vielleicht auch, wenn man das Haus allein bewohnt, eine Hausbar, ein Raum, um Gäste zu bewirten und heitere Stunden zu verbringen.

Gewiß, alle diese Nutzungen lassen sich auch in einem Vollgeschoß unterbringen. Doch die Eigenwilligkeit, diese unverwechselbare Art der Behaglichkeit, ist nur unter einem Schrägdach zu finden. Es ist der Reiz des nicht ganz Alltäglichen, nicht ganz Gewöhnlichen, des Spielerischen, des Verspielten, der hier wirkt.

Wissen, was ist: planen, was werden soll

Ein Dachgeschoßausbau ist keine Sache, die man aus dem Stegreif betreiben könnte. Planung ist dazu notwendig. Sie beginnt schon bei den Wünschen: Mit Beginn der Ausführungsplanung sollte eindeutig klar sein, welche Nutzung in welcher Form gewünscht ist, welche Materialien bevorzugt werden. Ein Architekt kann Ihnen zu weiteren Ideen verhelfen.

Klarheit zu gewinnen über Ihre Wünsche und Vorstellungen fällt leichter und macht mehr Spaß, wenn Sie ein Stück Papier und einen Bleistift zu Hilfe nehmen. So vorzugehen kann Sie sogar auf Einfälle bringen, auf die Sie sonst nicht gekommen wären. Sie können auch einen Familienspaß daraus machen, wenn alle Mitglieder Ihrer Familie ihre eigenen Wunschlisten aufstellen und nachher vergleichen. Natürlich ist das mehr als Spaß: Schließlich hat sich auch der große amerikanisch-österreichische Architekt Richard Neutra nicht gescheut, gründliche Gespräche mit allen Mitgliedern seiner Bauherrenfamilien einzeln zu führen. Für

so wichtig hielt er deren Wünsche und Ansprüche.

Die Checkliste „Wünsche und Vorstellungen" will dazu Anregung geben, nicht die Wünsche begrenzen. Je mehr Ihnen als Ergänzung einfällt, desto besser.

Was nun den Zustand Ihres Dachgeschosses angeht: ihn fürs erste festzuhalten, ist Aufgabe der großen Checkliste: Allerdings werden manche Daten, die nötig sind, nur mit Hilfe eines Fachmanns zu gewinnen

sein, der Ihr Dachgeschoß nach bautechnischen, statischen und bauphysikalischen Gesichtspunkten zu beurteilen vermag.

Doch kann diese Checkliste Ihnen auch nützlich sein, wenn Sie ein Dachgeschoß zu kaufen suchen und verschiedene Angebote vergleichen möchten. Daß Sie den Kaufvertrag nicht unterschreiben sollten, ohne das Urteil eines Architekten zu hören, versteht sich von selbst.

WÜNSCHE UND VORSTELLUNGEN					
	ja	nein		ja	nein
Nutzung:			Kinderzimmer		
Ausbau einer vollständigen Wohnung			Spielbereich		
mit üblichem Grundriß			Hobbyraum		
mit unkonventionellem Grundriß			Bar		
Vergrößerung einer Wohnung			Gastzimmer		
Nutzung des DG als:			**Gestaltung**		
Familienprivatissimum			hell		
Atelier			rustikal		
Ruheraum			elegant		
Raum für den Herrn			großzügig		
Raum für die Dame			weiß		
Arbeitsraum			farbig		
Hausarbeitsraum			fröhlich		
Bad			kühl		
Fitneßbereich			behaglich		

EIGNUNG DES DACHGESCHOSSES FÜR DEN AUSBAU

	ja	nein		ja	nein
Ist die Dachneigung für einen Ausbau geeignet? (Möglichst 35 bis 55°)			Ist Deckenverstärkung wegen des Bades vorgesehen?		
Genügend nutzbare Fläche mit ausreichender Höhe? (ca. 2,40 m über ⅔ Grundfläche)			Ist Trittschallschutz geplant?		
Stehen Stiele der Dachkonstruktion im Raum?			Ist im Bad zusätzliche Abdichtung gegen Feuchtigkeit geplant?		
Läßt sich die vorgesehene Raumaufteilung bewerkstelligen?			Sind Zwischenwände als Leichtbauwände geplant?		
Lassen sich Installationen: Wasser, Abwasser und Heizung ohne zu großen Aufwand ins Dachgeschoß hochführen?			Sind Zwischenwände aus Porenbeton geplant?		
			Ist Wärmedämmung der Giebelwände nötig?		
Läßt sich ein Zugang schaffen, der den Baubestimmungen entspricht?			Ist für Naßräume zusätzliche Feuchtigkeitsisolierung geplant?		
Lassen sich ausreichend Fenster, Dachflächenfenster, Gaupen einbauen? (1/10 bis 1/8 der Grundfläche)			Sind Zu- und Abwasserleitungen an der Stelle der geplanten Naßzelle möglich?		
Zustand des Dachgeschosses			Wurden die Installationen nach der Forderung der kurzen Wege verlegt?		
Ist das Dachgeschoß frei von Schädlingen?			Kann die Heizung an die Hauszentralheizung angeschlossen werden?		
Muß aus statischen Gründen die Konstruktion des Dachstuhls verstärkt werden?			Wird der Einbau einer Etagenheizung nötig?		
Läßt sich Wärmedämmung ohne zusätzlichen Aufwand einbringen?			Wird Warmwasser durch die Etagenheizung erzeugt?		
Ist die Dacheindeckung intakt?			Wird Warmwasser durch einzelne Elektrogeräte erzeugt?		
Ist das Dach noch im ursprünglichen Zustand? (Sparren, Latten, Dachziegel)			Ist Platz im Dachgeschoß für die Heizzentrale?		
Ist ein Schornstein vorhanden und zu nutzen?			Ist raumluftunabhängiger Betrieb möglich?		
Sind die Deckenbalken frei von Schädlingsbefall?			Sind Schornsteine für die Heizung zu nutzen?		
Ist die Füllung der Decke noch zu verwenden?			Ist ausreichende Lüftung der Dachräume möglich?		
Ist die Dielung des Fußbodens noch zu verwenden?			Entspricht die Treppe in das Dachgeschoß den Anforderungen der Baubehörde?		
Sind die Giebelwände ohne weiteren Aufwand zu verwenden?			Ist die Frage des Sonnenschutzes geklärt?		
			Sind Einbaumöbel für die Abseiten unter der Schräge geplant?		
Detailüberlegungen			Ist die Elektroinstallation ausreichend geplant?		
Läßt sich die Höhe des Dachgeschosses voll nutzen?			Stimmen Belichtungsplanung und Raumaufteilung überein?		
Ist die Nutzung des Spitzbodens möglich?			Ist die Frage des Raumschalls gelöst?		
Ist geplant, unter den Dachschrägen Drempelwände einzuziehen?			Sind die Forderungen des Brandschutzes erfüllt?		
Ist das Dach durch Kniestock anzuheben?			Hat die Bauaufsicht alle Wünsche genehmigt?		
Sind auf den Sparren Konterlatten anzubringen?			Ist beim Ausbau Eigenhilfe erwünscht und möglich?		
Wird eine Unterspannbahn eingezogen?			**Dachausbau-Arbeiten, die sich gut für Selbermacher eignen**		
Ist für ausreichende Dachhinterlüftung gesorgt?			Abbruch- und Räumarbeiten		
Reicht die Sparrentiefe für die Dämmstoffdicke?			Dämmen von Dach und Wand		
Ist die Dampf-/Windsperre zuverlässig dicht?			Innenverkleidung, z. B. mit Holz oder Gipsbauplatten		
Wird die Dachunterseite mit Holz verkleidet?			Fußbodenaufbau, ganz oder zum Teil, je nach Schwierigkeitsgrad		
Wird die Dachunterseite mit Gipskarton verkleidet?			Errichten von Holzständer-Leichtbauwänden oder Leichtbauwänden aus Metallprofilen		
Werden Dachflächenfenster eingesetzt?					
Wird durch Gaupen belichtet?			Montage innenliegender Treppen, die es in Bausätzen gibt		
Ist eine Dachterrasse geplant?			Selbstbauheizungen, teilweise		
Ist bekämpfender Holzschutz nötig?			Fliesen verlegen		
Ist vorbeugender chemischer Holzschutz nötig?			Teppichboden verlegen		
Sind Deckenbalken wegen der zusätzlichen neuen Lasten zu verstärken?			Tapezieren		
Ist Deckenverstärkung wegen der Innenwände vorgesehen?			Streichen		

Grundrißplanung ganz individuell

Bevor Sie sich Gedanken über die Grundrißauftei-lung des Dachgeschosses machen, muß eine Ent-scheidung gefallen sein: ob Ihr Ziel ist, eine kom-plette Wohnung auszu-bauen oder ob Sie den Dachraum nutzen wollen, um die Wohnfläche einer darunterliegenden Woh-nung, zum Beispiel im Einfamilienhaus, zu ver-größern. Im ersten Fall werden die Funktionen: Wohnen, Kochen, Baden etc. vorgegeben sein, im zweiten Fall bietet sich Ihnen ein weites Feld der Nutzung: ganz nach Bedarf, Wunsch und Indi-vidualität.

Wie Sie das Dachgeschoß auch nutzen wollen: Bau-technische Bedingungen werden bei der Grundriß-planung meist zu berück-sichtigen sein. Solche Be-dingungen sind zum Bei-spiel: die gegebene Lage des Treppenhauses, die eine Zu-ordnung der Eingangssitua-tion erfordert; Stützen der Dachkonstruktion im Raum, die entweder in die neu zu schaffenden Innen-wände einzubeziehen sind oder bewußt als Gestal-tungselemente im Raum sichtbar bleiben oder ent-fernt und durch zusätzliche konstruktive Maßnahmen in der Dachkonstruktion ab-gefangen werden müssen. Zu den Bedingungen gehö-ren auch vorhandene Instal-lationen. Doch auch die Be-lichtungsmöglichkeiten be-einflussen die Planung und die Frage, wie der sonst ver-

lorene Raum unter der Dachschräge am günstig-sten zu nutzen sei: zum Bei-spiel durch Einbaumöbel.

Der Raum unterm Dach, so groß er auch sein mag, ist stets zu knapp: Der erfahre-ne Grundrißplaner wird des-halb versuchen, die unum-gänglichen Verkehrsflä-chen: also Flure, Dielen so-weit wie möglich zu den

Räumen zu öffnen. Einige wesentliche Punkte, auf die es ankommt, können wir uns schon an den Grundris-sen 1 und 2 verdeutlichen.

Grundriß 1

Dieses Dachgeschoß mit Blick ins Tal ist als Elternbe-reich gestaltet, großzügig und mit viel Glas. Anregun-gen: Reihung der Bereiche Schlafen, Ankleiden, Wohnbaden. Öffnung des Schlafzimmers zu Balkon und Loggia. Die Großzügig-keit von verglastem Studio und ihm zugeordneter offe-ner Loggia. Der Einsatz ver-glaster Flächen im Dachge-schoß. (Entwurf: Köhler)

Grundriß 2

Dachgeschoßwohnung für eine 5köpfige Familie. Anregungen: Vorgegebene Lage des Treppenhauses be-stimmt Lage des Eingangs-bereichs. Notwendig entste-

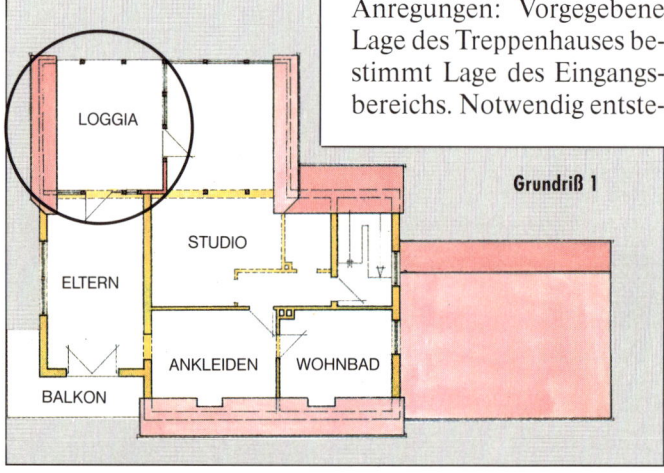

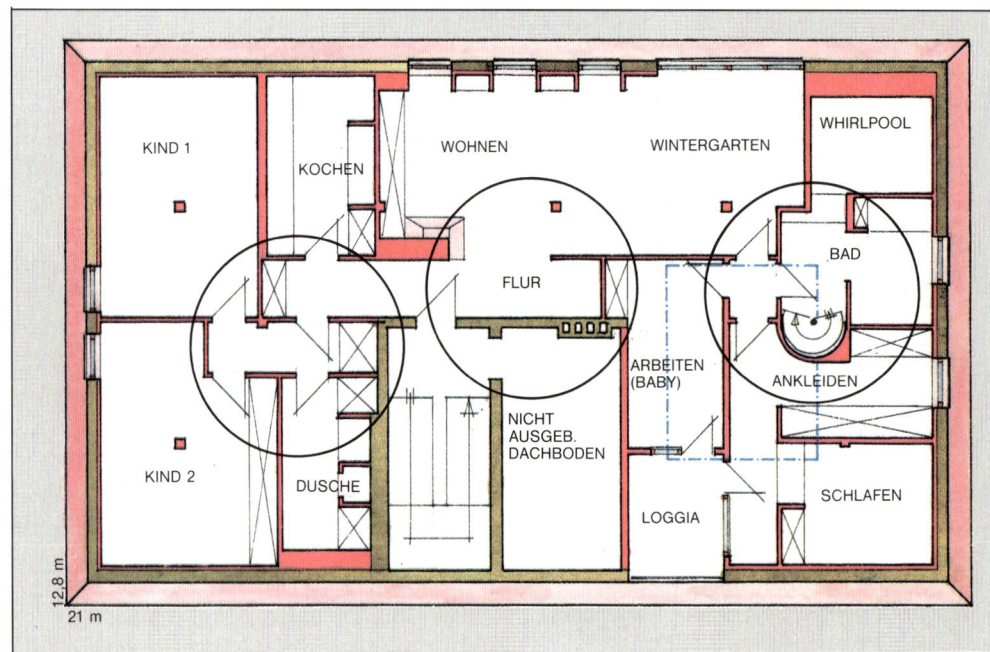

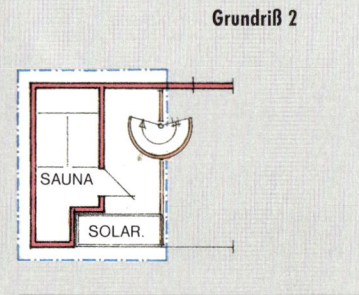

hender Flur wird räumlich durch Öffnung dem Wohn-bereich zugeschlagen. Diese Öffnung bringt andererseits die Gefahr mit sich, daß die Kinderzimmer durch den Schall aus dem Wohnzim-mer gestört werden: Des-halb ist den beiden Kinder-zimmertüren ein separater

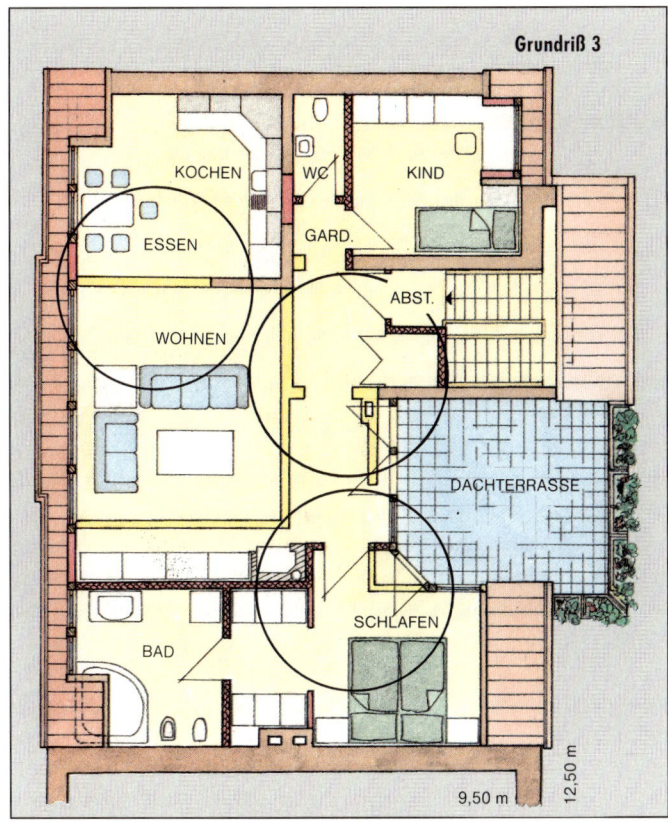

Grundriß 3

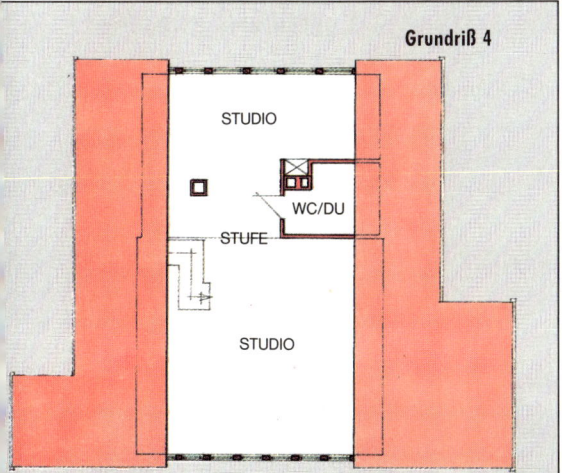

Grundriß 4

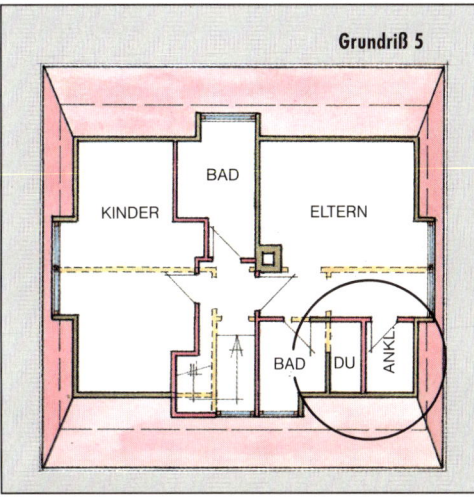

Grundriß 5

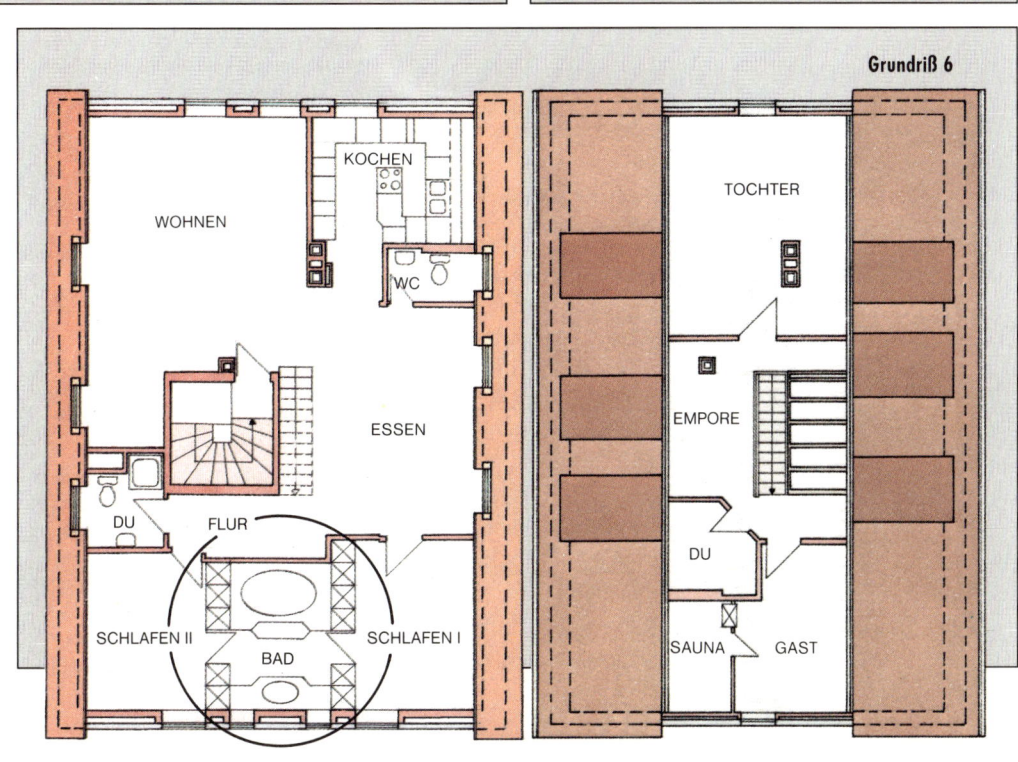

Grundriß 6

Flur vorgeschaltet, der obendrein genutzt wird, den beiden Kindern ungestörten Zugang zur Kinderdusche und zum WC zu ermöglichen.

Der Raum fürs Bad wäre zu klein gewesen, um Sauna und Solarium unterzubringen: Sie wurden deshalb in den Spitzboden verlegt; eine Treppe im Bad erlaubt ungestörtes Hinaufsteigen. (Entwurf: Köhne)

Grundriß 3

Großzügige Dachgeschoßwohnung mit Dachterrasse. Anregungen: Die Fläche des Eingangsflurs ist in den Wohnbereich eingebracht. Großzügige Belichtung des Wohnbereichs, auch durch die Flügeltür zur Dachterrasse. Zugang zur Dachterrasse auch vom Schlafraum aus. Koch- und Eßbereich zusammengefaßt und zum Wohnbereich geöffnet. Entwurf: Köhler

Grundriß 4

Nutzung eines kleinen Dachgeschosses als Mehrzweckraum, hier vor allem als Fitneßbereich. Anregungen: Haben Sie getrost Mut zur unkonventionellen Nutzung und richten Sie sich den Raum so zweckmäßig als möglich ein. Kompromisse können auf Dauer lästig sein: Zum Beispiel, wenn Sie nach Ihrem Fitneßtraining in das Bad ins Erdgeschoß hinabsteigen und dabei die ganze Wohnung durchqueren müssen.

Grundriß 5

Mit diesem Dachgeschoß wurde für die darunterliegende Erdgeschoßwohnung ein Schlafbereich geschaffen. Anregungen: Kinder- und Elternbad, wenn möglich, trennen. Reicht der Platz, ist die Zuordnung eines Ankleideraums oder eines begehbaren Schranks zu empfehlen.

Grundriß 6

Wohnung auf zwei Ebenen im Dachgeschoß und im Spitzboden. Anregungen: Die Bereiche Wohnen, Essen, Kochen sind zwar zueinander geöffnet, lassen aber doch nur bestimmte Blickrichtungen zu. Das Bad ist durch Schränke als Raumteiler von den beiden Schlafräumen getrennt, die es flankieren. Küche mit Küchenblock in der Mitte. Eßbereich großzügig durch Öffnung in den Spitzboden bis zum First. (Entwurf: Krügerke)

Auch hier gilt: Machen Sie sich Gedanken und tragen Sie Ihre gesammelten Wünsche einem erfahrenen Architekten vor.

Dachaufbau und Dachdämmung

Die Räume unterm Dach sollen behaglich sein: Eine der wichtigsten Voraussetzungen für diese Behaglichkeit ist der richtige Aufbau des Daches mit der Wärmedämmschicht. Bauphysikalisch falsche Aufeinanderfolge der Bauteilschichten kann zu Schäden führen, deren Beseitigung kostspielig ist. Grundsätzlich, so kann man vereinfachend sagen, muß ein Dachaufbau des Schrägdaches zwei Bedingungen erfüllen: Er muß verhindern, daß Feuchtigkeit von außen oder von innen in die Konstruktion dringt, und er muß gewährleisten, daß eventuell dennoch eingedrungene Feuchtigkeit abgeführt werden kann, ohne Schaden anzurichten.

Ein Dach über einem unausgebauten Dachgeschoß, das aus Sparren, Dachlatten und Eindeckung besteht, kennt die bauphysikalischen Probleme nicht, um die es uns hier geht: Der ungenutzte Dachraum wird ständig durchlüftet, seine Temperatur und Luftfeuchtigkeit unterscheidet sich kaum von den Werten der Außenluft. Anders, wenn die Bauteilschichten, vor allem die beim Dachausbau notwendige Wärmedämmung,

entsteht durch Atmen, Abgabe durch die Haut, durch Waschen und Kochen Feuchtigkeit. Keine Feuchtigkeit, die man sieht. Sondern Feuchtigkeit in Dampfform, also unsichtbare Feuchtigkeit. (Denn der sogenannte Dampf, der aus dem kochenden Wasserkessel weißlich strömt, ist bereits kondensierter Dampf: also Wasserdampf, der in feinen Tröpfchen ausfällt). Unser unsichtbarer Wasserdampf hat nun, vereinfa-

viel Feuchtigkeit in Form von Wasserdampf die Luft eines bestimmten Raumes aufnehmen kann, hängt von deren Temperatur ab. Je wärmer die Luft, desto mehr Feuchtigkeit kann sie aufnehmen. Würde nun diese Raumtemperatur plötzlich gesenkt, kann die nun kältere Luft die Feuchtigkeit nicht mehr halten: sie fällt als Wasser aus. Genau dies passiert, wenn Wasserdampf in die Dachkonstruktion von innen eindringt und an kältere Bauteile stößt, etwa an die Unterseite der Eindeckung: An der kalten Fläche fällt Wasser aus. Das aber muß verhindert werden. Aber nicht nur diese, wie der Fachmann sagt, Dampfdiffusionsvorgänge durch die Bauteilschichten hindurch müssen verhin-

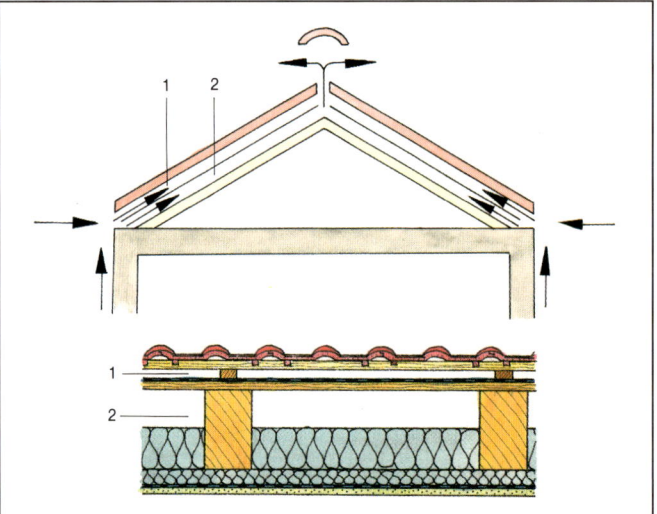

Lüftungsschichten: Der Dachaufbau beim ausgebauten Dachgeschoß ist normalerweise so auszuführen, daß sich zwei Lüftungsschichten ergeben. Lüftungsschicht 1 unterlüftet die Eindeckung, Lüftungsschicht 2 die Unterspannbahn bzw. das Unterdach und gewährleistet den Luftaustausch oberhalb der Wärmedämmschicht.

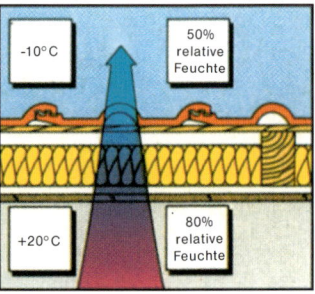

Warum eine Dampfsperre nötig ist: Luftfeuchtigkeit in Form von Wasserdampf kann aus den Dachräumen auch durch Wasserdampfdiffusion in die Dachkonstruktion gelangen und dort zu Schäden führen.

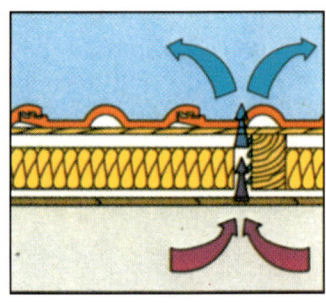

Warum die Dampfsperre auch winddicht sein muß: Feuchte Luft aus dem Innenraum kann auch durch undichte Fugen in die Dachkonstruktion gelangen: dort fällt Tauwasser aus, wenn die Luft auf eine bestimmte Temperatur abkühlt. Das Problem der undichten Fugen verlangt besondere Aufmerksamkeit.

Dachraum und Außenluft voneinander trennen, sich Temperaturen und Luftfeuchtigkeit also zwischen innen und außen plötzlich unterscheiden. Und hier stecken alle Probleme, die der richtige Dachaufbau lösen muß.

Was geschieht denn in einem bewohnten Raum? Es

chend gesprochen, wegen des Dampfteildruckgefälles zwischen innen und außen das Bestreben, durch die Bauteilschichten des Daches nach außen zu dringen. Es handelt sich um Vorgänge im molekularen Bereich.

Nun müssen wir uns noch eine andere physikalische Tatsache klarmachen: Wie-

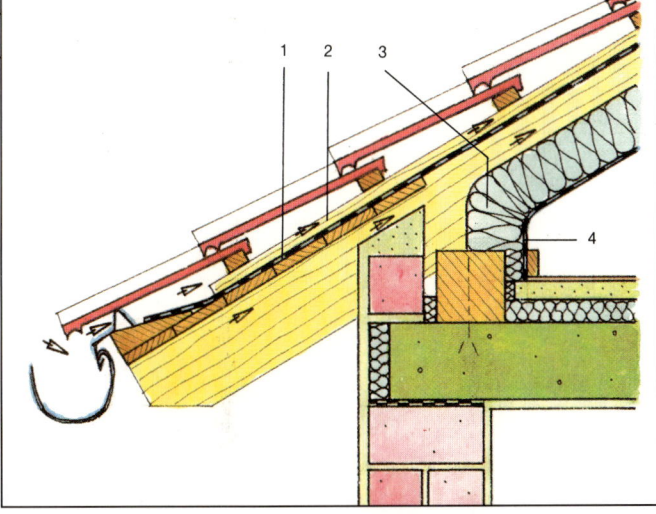

Zuluft: Soll die Hinterlüftung in der Dachkonstruktion funktionieren, ist an der Traufe für genügend große Zuluftöffnungen zu sorgen. Für ausreichendes Funktionieren der Hinterlüftung zwischen Dacheindeckung und Unterspannbahn ist die Konterlattung längs der Sparren nötig: Die Dicke der Konterlattung ergibt die Höhe der Hinterlüftungsschicht. ① Unterspannbahn, ② Konterlattung, ③ Wärmedämmung, ④ Dampf-/Windsperre

dert werden, noch mehr Schaden können Luftlecks anrichten, durch die Raumluftfeuchtigkeit völlig ungehindert und in viel höherem Maße als bei der Dampfdiffusion in die Konstruktion dringen kann. Solche Lecks können entstehen, wenn die Innensperre an der warmen Raumseite, die Dampf- und Windsperre, nicht völlig dicht ist. Bloße Überlappungen der Sperrbahnen an der warmen Raumseite zum Beispiel sind nicht dicht, Anschlüsse an die Wände sind häufig nicht ausreichend dicht usw. Dampfsperren können beim Verarbeiten einreißen: Dadurch entsteht ein Luftleck.

Formulieren wir die erste Forderung an den wärmegedämmten Dachaufbau: An der Raumseite des Daches ist eine völlig dichte Dampf- und Windsperre nötig.

Von außen eindringende Feuchtigkeit aber wird durch eine sogenannte Unterspannbahn abgeleitet, die auf den Sparren verlegt wird. Wir sagten vorhin: Ein richtig funktionierender Dachaufbau muß verhindern, daß Feuchtigkeit in die Konstruktion eindringt. Das geschieht durch Dampf- bzw. Windsperre und Unterspannbahn. Ein solcher Dachaufbau müsse aber auch gewährleisten, daß

eventuell dennoch eingedrungene Feuchtigkeit abgeführt wird: Das aber geschieht in der Regel durch zwei Hinterlüftungsebenen. Die erste Hinterlüftungsebene befindet sich zwischen Unterseite Dacheindeckung und Unterspannbahn, die zweite Hinterlüftungsebene zwischen Unterspannbahn und Oberseite Wärmedämmung. Natürlich können diese Hinterlüftungen nur funktionieren,

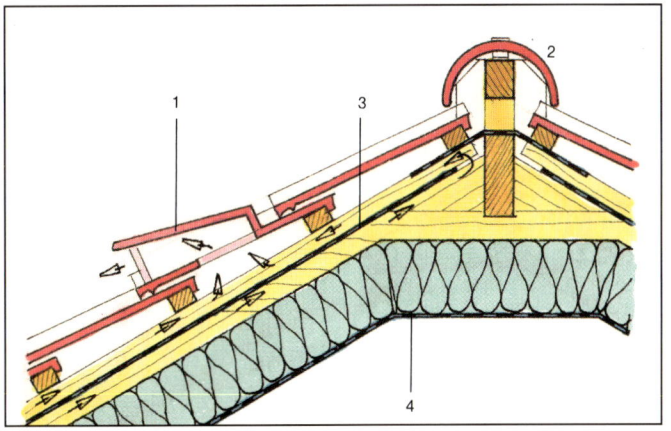

Die Abluftöffnung im Firstbereich: Man kann dafür Lüftungsziegel einsetzen oder den First als Lüftungsfirst ausbilden. ① Lüftungsziegel, ② First, ③ Unterspannbahn, ④ Dampf-/Windsperre

wenn an der Traufe, also am unteren Ende des Daches, für eine Zuluftöffnung und am First, also am oberen Ende des Daches, für eine Abluftöffnung gesorgt wird. Dafür gibt es Regeln, die der Dachdecker weiß.

Dämmungsarten und Dämmstoffe

Grundsätzlich hat man beim Schrägdach die Wahl unter drei Dämmarten: zwischen den Sparren, auf den Sparren, unter den Sparren. Ist die Sparrentiefe zu gering, um die notwendige Dämmschichtdicke aufzunehmen, ohne den Raum für die Hinterlüftung zu beeinträchtigen, dann kann man auch zwischen und unter den Sparren dämmen.

Am häufigsten ist die Dämmung zwischen den Sparren, weil sie verhältnismäßig einfach auszuführen ist. Die fachgerechte Ausführung setzt voraus, daß die Wärmedämmung in keinem Teilbereich des Schräg-

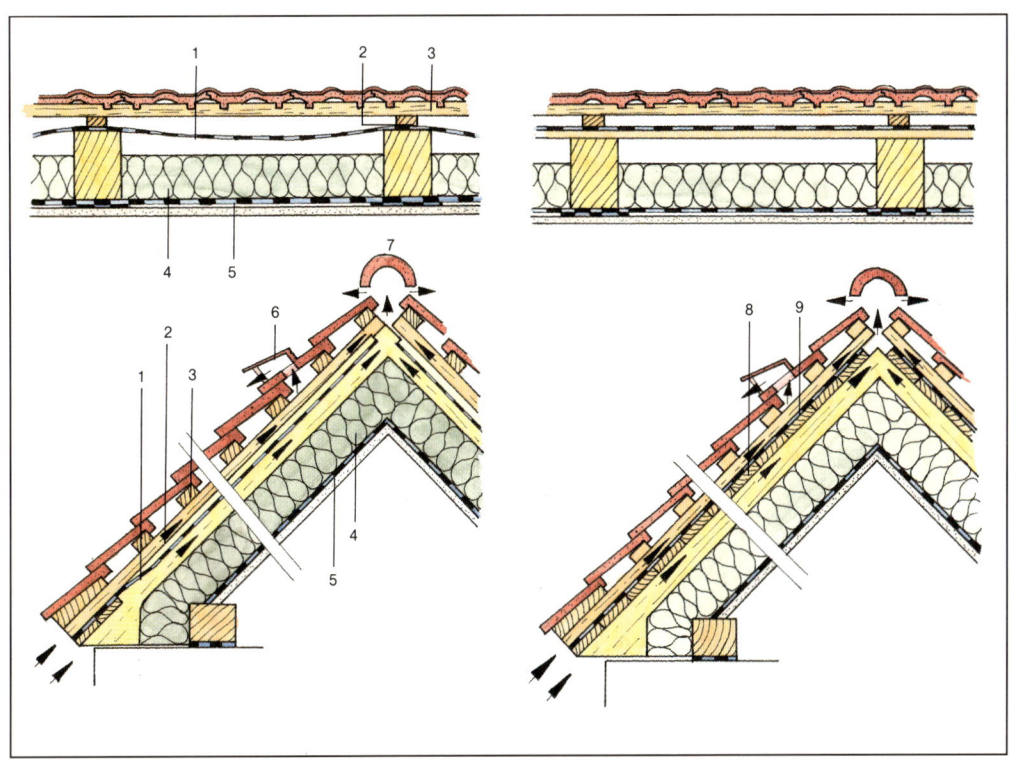

Konstruktionsbeispiele für die Wärmedämmung zwischen den Sparren, links Aufbau mit Unterspannbahn, rechts mit Holzschalung und Sperrschicht. ① Unterspannbahn, ② Konterlattung, ③ Dachlattung, ④ Wärmedämmung, ⑤ Dampf-/Windsperre, ⑥ Lüftungsziegel, ⑦ Lüftungsfirst, ⑧ Holzschalung, ⑨ Sperrschicht

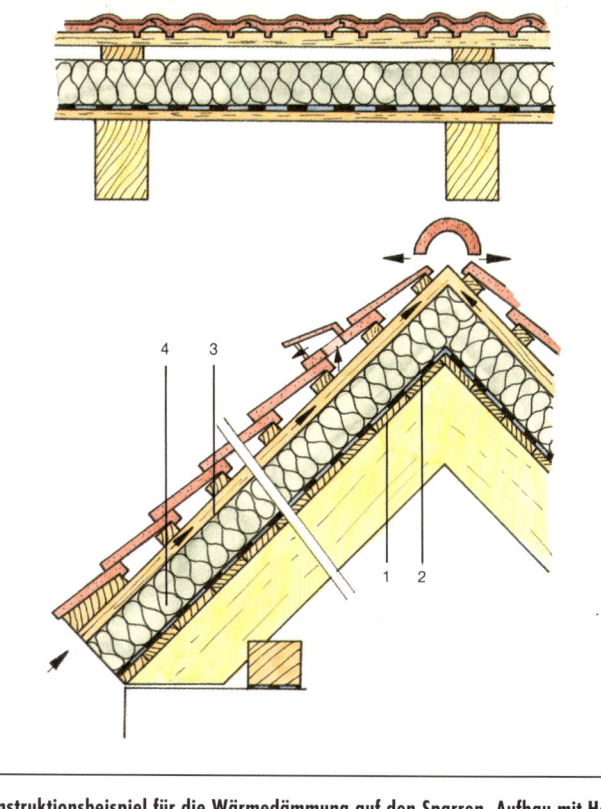

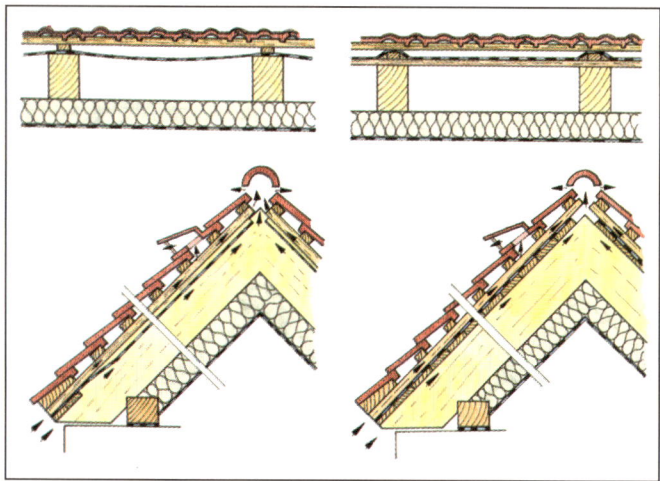

Konstruktionsbeispiele für die Dämmung unter den Sparren, links mit Unterspannbahn, rechts mit Holzschalung und Sperrschicht

Konstruktionsbeispiel für die Wärmedämmung auf den Sparren. Aufbau mit Holzschalung als Unterdach und Sperrschicht. Die Holzschalung kann ebenso wie die sichtbar belassenen Sparren zur rustikalen Raumwirkung beitragen. Hier ist nur eine Hinterlüftungsschicht notwendig: zwischen Wärmedämmung und Unterseite Dacheindeckung, die gewährleistet wird durch die parallel zu den Sparren befestigte Konterlattung. ① Holzschalung/Unterdach, ② Sperrschicht, ③ Konterlattung, ④ Wärmedämmung

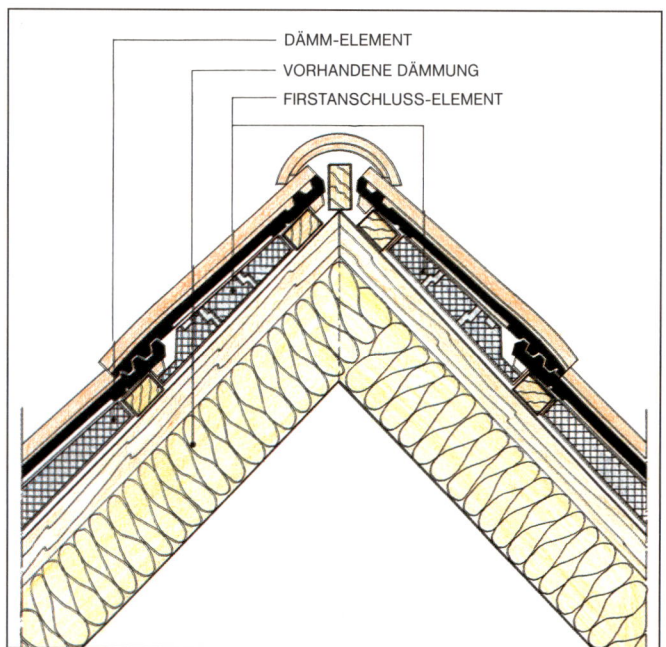

- DÄMM-ELEMENT
- VORHANDENE DÄMMUNG
- FIRSTANSCHLUSS-ELEMENT

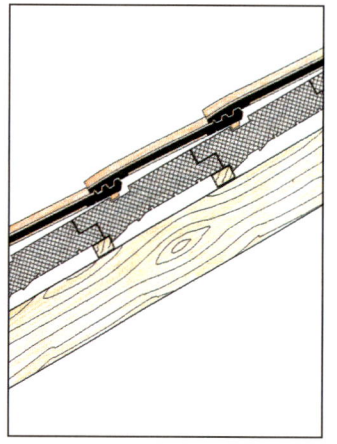

Dachdämmung auf den Sparren durch Systemelemente bei bereits vorhandener, aber unzureichender Dämmung. Der Abstand der vorhandenen Dämmung zum Dämmelement muß 50 mm betragen. Die Winddichtheit wird durch lückenlosen Anschluß an alle Außenteile mit einem Spezial-Dosenschaum gesichert. Unter die oberste Ziegelreihe, am First, werden spezielle Lüftungselemente verlegt. Damit ist gewährleistet, daß bereits vorhandene Dämmungen trocken werden und trocken bleiben. Quelle: Thermodach

Wärmedämmung auf den Sparren mit Dämmsystem. Verkleidung, zum Beispiel mit Profilbrettern oder Gipskarton- oder Gipsfaserplatten, kann zwischen den Sparren oder unter den Sparren angebracht werden. Eine Wasserführung in den Dämmelementen leitet eindringende Feuchtigkeit sicher zur Regenrinne. Winddichtheit wird durch Ausschäumen sämtlicher Anschlüsse an Außenbauteile erreicht. Das Element gibt es auch in anderer Ausführung mit unterseitiger Folienschale. Quelle: Thermodach

Vollsparrendämmung: Hier ist Hinterlüftung zwischen Dämmschicht und Unterspannbahn nicht nötig. Voraussetzung: hochdiffusionsoffene Unterspannbahn und dichte Dampf- und Windsperre an der Raumseite. Quelle: Dörken

dachs unterbrochen ist, auch die Anschlüsse an Wandteile, Schornsteine, Dachflächenfenster etc. genügend gedämmt und winddicht geschlossen sind. Die Hinterlüftungsschicht zwischen Oberseite Wärmedämmung und Unterspannbahn muß an allen Stellen der gedämmten Dachfläche mindestens 2 cm betragen. Das bedeutet: Es ist darauf zu achten, daß die Unter-

spannbahn, vor allem wenn sie vielleicht nachträglich eingezogen wurde, nicht zu sehr durchhängt und die Hinterlüftung dadurch beeinträchtigt; wird Mineralfaserdämmstoff eingebaut, ist zu berücksichtigen, daß dieser Wärmedämmstoff nach dem Einbau um ca. 10 bis 30 Prozent der Nenndicke aufgehen kann. Reicht die vorhandene Sparrentiefe nicht aus, um Dämmstoff und

Hinterlüftungsschicht aufzunehmen, dann bleibt, die Sparren mit Brettern oder Kanthölzern aufzudoppeln, oder die Dämmschicht aufzuteilen: ein Teil zwischen, ein Teil unter den Sparren. Neuerdings gibt es auch

Dämmstoffsysteme mit einer sogenannten diffusionsoffenen Unterspannbahn, die eine Hinterlüftungsebene zwischen Wärmedämmung und Unterspannbahn erübrigen. Voraussetzung für reibungsloses Funktionieren solcher Systeme ist allerdings eine sorgfältig ausgeführte Dampf- und Windsperre an der Innenseite. Sprechen Sie einmal mit Ihrem Dachdecker darüber,

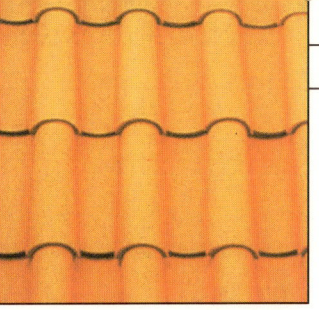

Typische Ziegelformen aus einer Palette von über 49 Modellen: Mönch-Nonne-Ziegel (links) und Biberschwanz-Rundschnitt (rechts). Quelle: Arbeitsgemeinschaft Ziegeldach

Das gefährlichste Schadinsekt in Deutschland ist der Hausbock-Käfer, der Nadelholz befällt. Die erwachsene Larve ist 15 bis 30 mm groß, das Vollinsekt ca. 8 bis 20 mm. Erkennbar ist Befall an den 5 bis 10 mm großen ovalen Fluglöchern. Die Fraßgänge dicht unter der Oberfläche sind mit hellem Fraßmehl angefüllt. Die Käfer schlüpfen in mehrjährigen Abständen. Befallene Holzteile geben, bei Anschlagen mit einem Hammer, stumpfen Klang. Auch herabrieselndes Holzmehl ist ein Erkennungszeichen. Quelle: Desowag

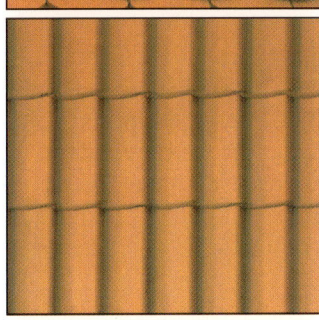
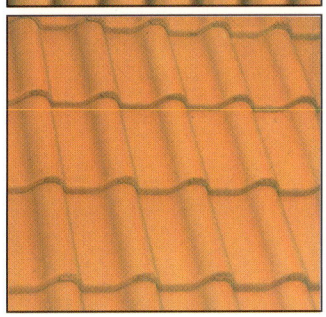

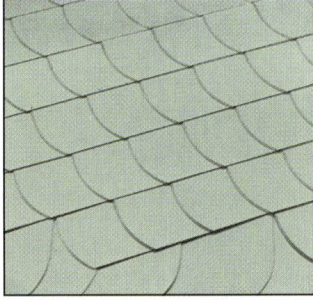

Dachplatten aus Faserzement (asbestfrei). Hier in deutscher Deckung verlegt. Quelle: Eternit

System zur Sanierung schadhafter Holzteile: Das schadhafte Holz wird abgesägt. In den gesunden Teil des Balkens werden Löcher gebohrt und eine Armierung mit Rundstangen aus Glasfaser und Polyesterharz eingeführt. Dann wird eingeschalt und mit Kunstharz ausgegossen. Quelle: Beta/Lömpel

Betondachsteine gibt es in vielerlei Formen, hier: Biber in Kronendeckung, Donau-Pfannen (Braas), Heidelberger Dachstein Profil S (Eternit)

Schiefer ist ein uraltes Eindeckmaterial. Heute gibt es Dachplatten auch aus Schiefergranulat. Sie bestehen aus 70 Prozent Schiefer, Bindemitteln und Zusatzstoffen. Hier Platten im Format 20×20, mit gestutzten Ecken und bruchrauhen Haukanten. Quelle: Braas

wenn die Tiefe ihrer Sparren nicht ausreicht.

Den Vorteil einer durchlaufenden Wärmedämmschicht bietet die Dämmung unter den Sparren. Man setzt dort Styroporplatten mit Verfalzungen ein. Ein Nachteil: Die Dämmung unter den Sparren verkleinert den Dachraum.

Auf den Sparren zu dämmen bietet gleich mehrere Vorteile: Die Dämmung, meist in Systemen angeboten, ist frei von Wärmebrücken. Die Dachkonstruktion liegt innerhalb der Dämmhülle und ist dadurch vor Wetter- und Temperatureinflüssen geschützt. Und schließlich ist dabei möglich, was viele Bauherren wünschen: sie können die Sparren nach innen voll sichtbar lassen, um eine rustikale Raumwirkung zu erzielen.

An bewährten Dämmstoffen bietet der Markt Mineralfaserdämmstoffe, Styropor, also Polystyrol-Hartschaum, und PUR-Hartschaum. Entscheidend ist: Für die Wärmedämmung des Daches dürfen nur Dämmstoffe verwendet werden, die vom Institut für Bautechnik zugelassen sind. Sie müssen also ein Etikett aufweisen mit einem Ü-Zeichen und weiteren Angaben. Denn nur bei zugelassenen Baustoffen haben Sie die Gewähr der Qualität, und das heißt hier: des berechenbaren Verhaltens im eingebauten Zustand und der Brandsicherheit. Auf diesem Ü-Etikett steht auch eine Klassifikation, die wichtig ist: die sogenannte Wärmeleitfähigkeitsgruppe. In der Regel setzt man heute Dämmstoffe der Wärmeleitfähigkeitsgruppen 040 oder 035 ein. Um einen bestimmten Dämmwert zu erreichen, wie er zum Beispiel in der Wärmeschutzverordnung vorgeschrieben ist, brauchen Sie bei Dämmstoffen der Wärmeleitfähigkeitsgruppe 035 Dämmstoff von geringerer Dicke als bei der Gruppe 040.

Die Dachkonstruktion muß intakt sein

Der Dachaufbau mit Dachdämmung, Sparren und Innenverkleidung schließt die Dachkonstruktion für lange ab: Deshalb muß gewährleistet sein, daß ihre Holzteile intakt, frei von Schäden und statisch ausreichend sind. Altbau-Dachstühle zeigen häufig Befall durch Schadinsekten. Art des Befalls und Ausmaß festzustellen, ist der Laie überfordert. Zumal dafür oft Abbeilen nötig ist, um die Fraßgänge zu erkennen. Es empfiehlt sich also, einen Holzschutz-Sachverständigen hinzuzuziehen. Bei Befall wird eine bekämpfende Behandlung mit chemischen Holzschutzmitteln unumgänglich, die vorbeugende, also künftigen Befall verhindernde Wirkung einschließt. Stark geschädigte Hölzer wird man ersetzen müssen.

Für bestimmte Holzschäden aber gibt es ein System der Holzsanierung auf Kunstharz-Basis, das sich sehr bewährt hat.

Qualitativ hochwertige, auf ihren Zweck abgestimmte Baustoffe und bauphysikalische Erkenntnisse, die durch die Praxis längst bestätigt wurden, gewährleisten einen Dachaufbau, der seine Aufgabe über lange Jahre erfüllt. Und damit wirtschaftlich ist.

Doch ist eines dafür unabdingbar: Daß die Arbeiten fachgerecht und sorgfältig ausgeführt werden.

Innenausbau leicht-gemacht: Materialien und Systeme

Die Arbeiten, die nötig sind, um aus einem kahlen Dachgeschoß behagliche Wohnräume zu machen, wurden im letzten Jahrzehnt wesentlich erleichtert: durch Materialien, durch Handlichkeit der Materialien, wie sie zum Beispiel die Einhand-Gipsbauplatte bietet, aber auch durch Systemlösungen, wie sie die Metallständerwände oder die Vorwandinstallationen darstellen. Die Praxis war ein guter Lehrmeister: Fußbodenaufbauten bei unterschiedlichsten Deckenkonstruktionen, Verstärkung der Decken, wo nötig, werfen heute keine Probleme auf. Das Fachwissen des erfahrenen Architekten allerdings ist dazu nötig.

Die Statik muß stimmen, bevor der Ausbau beginnt: Denn stets bringt der Ausbau zusätzliche Gewichte ein. Man denke nur an die Last, die eine gefüllte Badewanne einer Holzdecke beschert. Häufig also wird nötig sein, die Decke zu verstärken, mitunter auch beim

Gipskarton- und Gipsfaserplatten geliefert, dienen zur Verkleidung der Dachunterseite, der Wände und als Trockenestrichelemente. Ihr Hauptbestandteil Gips wirkt als Klimaregulator, da er überschüssige Feuchtigkeit aus dem Raum aufnimmt und bei Bedarf wie-

Porenbeton kann unterm Dach als Material für Innenwände dienen, aber auch, um eine zweite Fußbodenebene zu schaffen, etwa im Bad, oder als Verkleidung der Badewanne; ja selbst Möbel, zum Beispiel für die Küche, lassen sich daraus anfertigen.

Fliesen, ein Gestaltungselement ersten Ranges, hygienisch obendrein, da leicht zu pflegen, lassen sich nicht nur für Bad und Küche einsetzen, sondern auch als Fußbodenbelag im Wohnbereich. Allerdings ist Vorsorge zu treffen, daß der Untergrund nicht federt. Von großformatigen Fliesen auf Holzbalkendecken ist abzuraten.

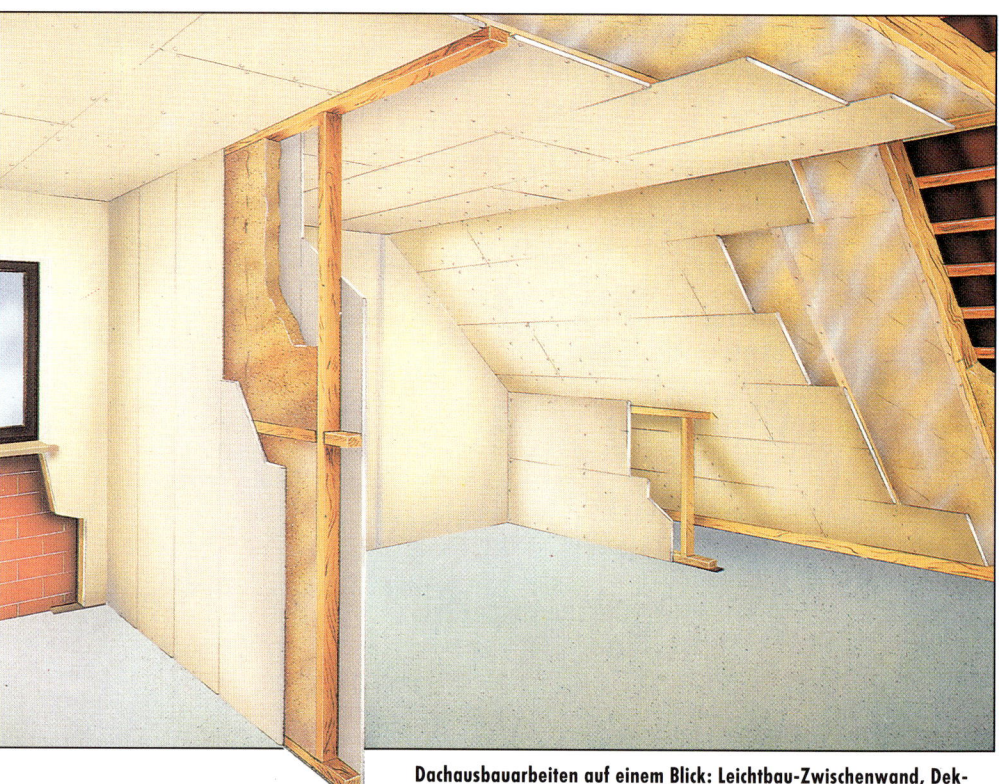

Dachausbauarbeiten auf einem Blick: Leichtbau-Zwischenwand, Deckenverkleidung, Wandverkleidung, Verkleidung der Dachuntersicht, Drempelwand, Trockenstrich. Quelle: Rigips

Einzug von neuen Trennwänden.

Als Ausbaumaterialien, die neben günstigen wohnhygienischen Eigenschaften auch den Vorteil leichter Verarbeitung bieten, haben sich Gipsbauplatten bewährt, Holz und Holzwerkstoffe, Porenbeton und Fliesen. Gipsbauplatten, als

der abgibt. Ähnlich wirkt Holz, das als Profilholz oder in Form von Paneelen zur Decken- und Wandbekleidung eingesetzt werden kann; oder in Form von Dielen oder Parkett. Auch Innenwände können aus Holzbohlen konstruiert sein.

Der Fußbodenaufbau auf Massivdecke ist meist unproblematisch, bei vorhandener Holzbalkendecke allerdings ist häufig nötig, die Decke zu sanieren. Oft wird man die Füllung, die zwischen den Deckenbalken auf dem sogenannten Fehlboden liegt, entfernen und ersetzen müssen. Manchmal wird sie belassen, da sie die Schalldämmung günstig beeinflußt. (Nebenstehende Fußbodenaufbauten machen es deutlich). Bei Untersuchung dieser Füllung ist auch der Zustand der Deckenbalken, vor allem der Balkenköpfe, die im Mauerwerk stecken, zu prüfen: ob sich keine Schäden zeigen. Schäden durch Insekten oder Fäulnis können erforderlich machen, die Hölzer auszuwechseln oder zumindest den Schädlingsbefall zu bekämpfen und künftigen Schäden vorzubeugen. Viele Holzbalkendecken zeigen Unebenheiten: Hier haben sich Trockenschüttungen als Ausgleich bewährt, die auf einer Folie als Rieselschutz aufgebracht werden. Estriche lassen sich als Trockenestrich ausführen, mit Trockenestrichelementen aus Gipsbauplatten zum Beispiel oder auch, wenn die Statik stimmt oder bei Feuchträumen, als Zementestrich, der dann in Feuchträumen nicht nur dafür sorgt, daß keine Feuchtigkeit in die Unterkonstruktion gelangt, sondern auch

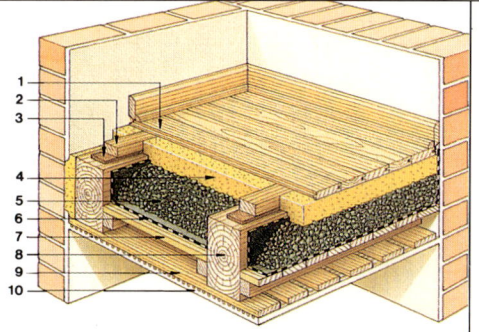

Holzbalkendecke, Sanierung: ① Dielen, ② Lagerholz. ③ Trittschalldämmung, ④ Hohlraumdämpfung, ⑤ alter Einschub, ⑥ Pappe, ⑦ Blindboden, ⑧ Balken, ⑨ Latten mit Putzträger, ⑩ Putz.

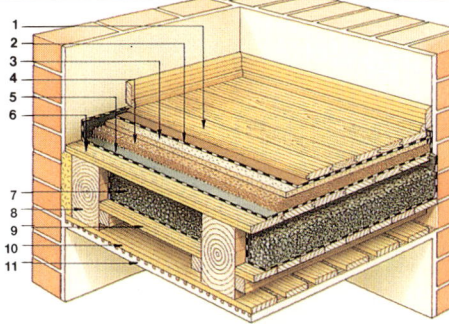

Holzbalkendecke, Sanierung: ① Dielen, auf Spanplatte verschraubt, ② Papplage, ③ Spanplatte, ④ Ausgleichsschüttung, ⑤ Rieselschutz, ⑥ alte Dielen, ⑦ alter Einschub, ⑧ Balken, ⑨ Blindboden, ⑩ Latten mit Putzträger, ⑪ Putz.

Aufbau Holzbalkendecke: ① Dielen, ② Lagerholz, ③ Trittschalldämmung, ④ geglühter Sand, ⑤ Folie oder Pappe, ⑥ Spanplatte, ⑦ Balken, ⑧ Hohlraumdämpfung, ⑨ Lattung oder Schalung, ⑩ Gipskartonplatte.

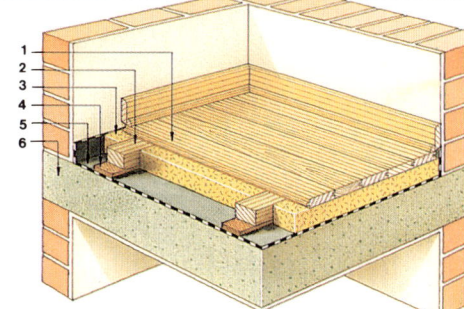

Dielenboden auf Stahlbetondecke: ① Dielen, ② Lagerholz, ③ Hohlraumdämpfung (z. B. Mineralwolle), ④ Trittschalldämmstreifen, ⑤ Folie, ⑥ Stahlbetondecke. Quelle der Aufbauten: AG Holz

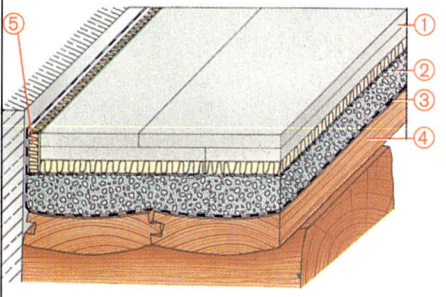

Auf alten Dielen: ① Estrich-Elemente mit Mineralwolle, ② Ausgleichsschüttung, ③ Rieselschutz, ④ Holzdielen, ⑤ Randdämmstreifen.

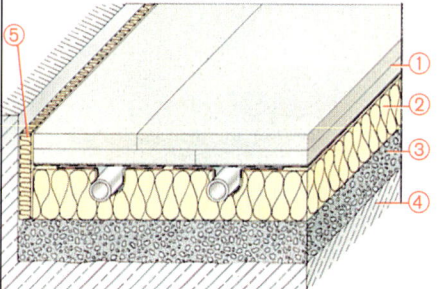

Massivdecke, Fußbodenheizung: ① Estrich-Elemente 25 mm, ② Fußbodenheizung, ③ Ausgleichsschüttung, ④ Massivdecke, ⑤ Randdämmstreifen. Quelle: Fels-Werke

Porenbeton hat sich als ein Ausbau-Werkstoff bewährt, der unterm Dach für vieles einzusetzen ist: zum Beispiel für Innenwände. Quelle: Ytong

Gipsbauplatten und Trockenestrich-Elemente aus Gips vereinfachen den Dachausbau und beschleunigen ihn. Quelle: Gebr. Knauf

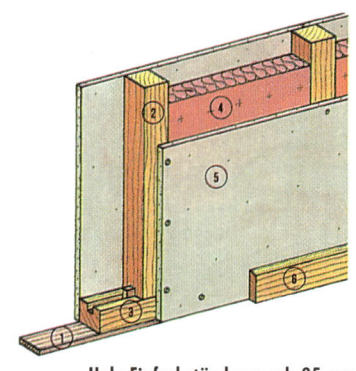

Holz-Einfachständerwand, 85 mm dick. ① Filz, ② Kantholz (40/60 oder 40/80 mm), ③ genutetes Anschlußholz, ④ Mineralfaserdämmstoff, ⑤ Gipsbauplatte, ⑥ Fußleiste.

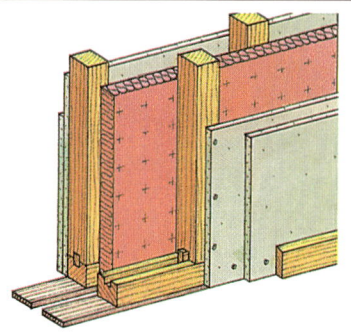

Holz-Doppelständerwand, doppelt beplankt mit Gipsbauplatten, Dicke der Wandkonstruktion 220 mm.

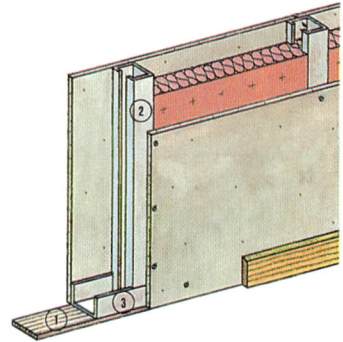

Metall-Einfachständerwand, einfach beplankt mit Gipsbauplatten, Dicke der Konstruktion 100 mm. ① Dichtungsfilz, ② C-Profil, ③ U-Profil.

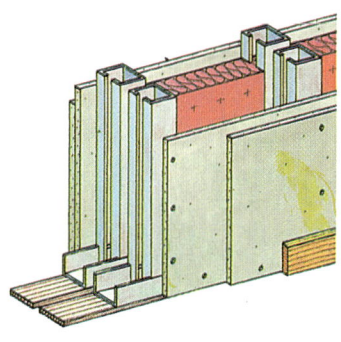

Metall-Doppelständerwand, doppelt beplankt mit Gipsbauplatten, Dicke der Wandkonstruktion 165 mm.

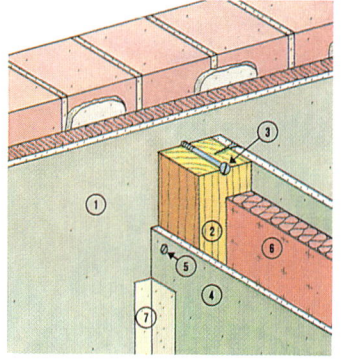

Anschluß an eine Vorsatzschale aus Gipskarton-Verbundplatten ①, ② Kantholz, ③ Befestigung, ④ Gipskartonplatten, ⑤ Schnellbauschraube, ⑥ Mineralfaserdämmung, ⑦ Bewehrungsstreifen.

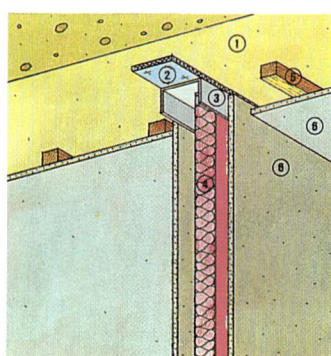

Deckenanschluß: ① Rohdecke, ② Mineralfaserstreifen, ③ Metallständerwerk, ④ Mineralfaserdämmstoff, ⑤ Holzkonstruktion, ⑥ Gipskartonplatten.

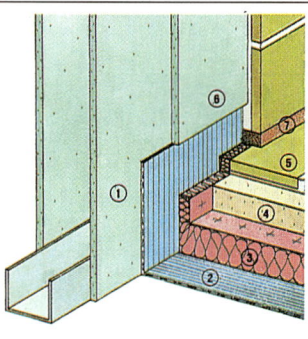

Fußbodenanschluß im Bad: ① Gipskarton-Feuchtraumplatte, ② Feuchtigkeitssperre, ③ Dämmstoff, ④ schwimmender Estrich, ⑤ Fliesen, ⑥ zweite Gipskartonplatte, ⑦ Fuge.

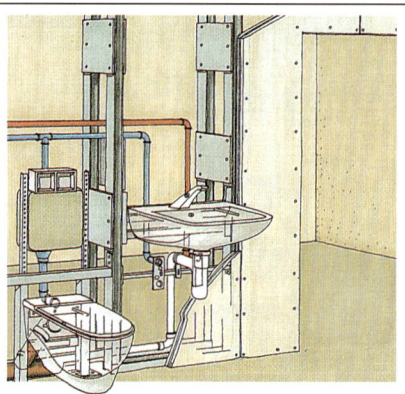

Installationswand aus Metallständerwerk, dessen Profile an Decke und Boden befestigt sind. Großflächige Beplankung, ein- oder zweilagig, mit Bauplatten. Quelle: Gebr. Knauf

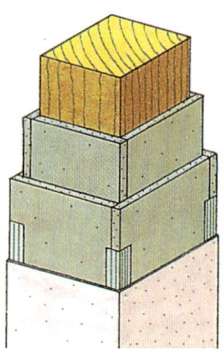

Durch eine Ummantelung mit Gipskarton-Feuerschutzplatten läßt sich die Feuerwiderstandsdauer einer Stütze erheblich verlängern.

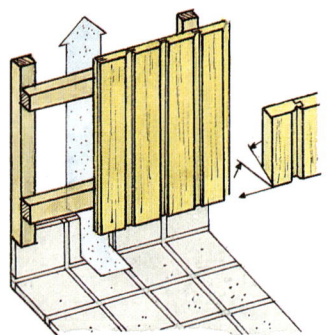

Holzverkleidung im Bad: Hinterlüften, Unterkante im Winkel von 45 Grad abschrägen.

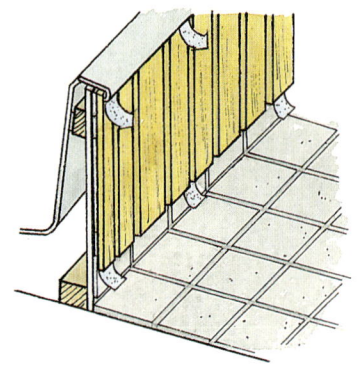

Im rustikalen DG-Bad kann man auch für die Wannenschürze Profilbretter einsetzen.

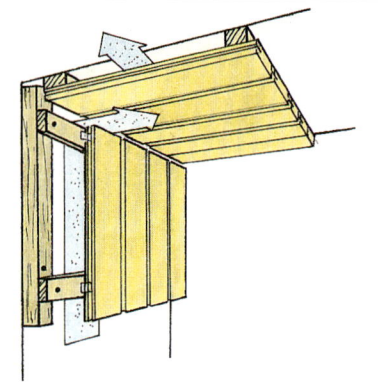

Anschluß Wand-/Deckenbekleidung. Die Profilhölzer mit nichtrostenden Klammern befestigen.

einen festen Untergrund für den Fliesenbelag abgibt.

Bauphysiker raten häufig, eine Folienwanne im Bad auszubilden, bei der die Folie verschweißt und an den Raumumfassungswänden 20 cm hochgeführt wird. Auch im Spritzbereich der Dusche ist ein zusätzlicher Feuchtigkeitsschutz ratsam. Denn Fliesen sind, ihres hohen Fugenanteils wegen, nie wasserdicht.

Vorwandinstallation macht den Badeinbau unterm Dach einfach und sicher. Die jeweiligen Elemente, hier für Waschtisch und WC, werden in Metallschienen eingehängt. Die beplankten und verfliesten Vorwandinstallationselemente bieten willkommene Ablagefläche. Quelle: Geberit

Die Trockenausbau-Methode ist für Modernisierungen besonders geeignet, da dabei Lärm und Schmutz auf ein Minimum reduziert werden. Für die Verkleidung der Installationselemente eignen sich Gipskarton- oder Gipsfaserplatten. Dank niedriger Bauhöhen sind Einbauten auch unter Fensterbrüstungen möglich. Quelle: Mero

Soll ein Bad, ein WC eingebaut werden: Die Technik der Vorwandinstallation, aus deren Profilen auch ganze Installationswände errichtet werden können, bietet sich hier als praktische Lösung an. Die Elemente der Vorwandinstallation werden verkleidet und lassen sich mit Fliesen bekleben, wie die übrige Wand auch. Gestalterisch werfen sie kaum Probleme auf, im Gegenteil: sie bieten willkommene Ablageflächen und können den Raum reizvoll gliedern.

Da die meisten der vorgestellten Materialien leicht zu bearbeiten sind, hat der Selbermacher hier ein weites Feld: von den Arbeiten des Fußbodenaufbaus, dem Aufbau der Innenwände, bis zur Verkleidung der Wände und der Dachuntersicht.

Die Montage der Installationswände allerdings ist Sache des Fachmanns.

So kommt Licht unters Dach

Welche Eigenschaften müßte ein Fenster in der Dachfläche haben, um den Benutzer zufriedenzustellen? Die Forderungen, die von der Nutzung diktiert sind, ordnen sich fast wie von selbst: Helligkeit als erste Forderung, aber auch die Möglichkeit, das Licht an gleißenden Sommertagen abzublenden, die Sonneneinstrahlung zu vermindern. Dann bequeme Bedienung und Pflege. Ausreichende Lüftung. Sicherheit. Und schließlich: einfacher, funktionssicherer Einbau und wirtschaftliche Kosten.

Wieviel Quadratmeter Fensterfläche in einem Dachgeschoß eingebaut werden, ist nicht dem Bauherrn allein überlassen. Das Bauordnungsrecht, das, von Bundesland zu Bundesland verschieden, in den Landesbauordnungen gefaßt ist, stellt eine Mindestforderung auf: Die Fensterlichtfläche muß ein Achtel bis ein Zehntel der Wohnfläche betragen. Bei einer Wohnfläche von 60 qm wäre demnach eine Fensterlichtfläche von ca. 6 bis 8 qm mindestens einzuhalten. Zuletzt aber werden sich Anzahl und Größe der Fenster nach dem Lichtbedarf des Bauherrn richten und nach der Raumgröße. Die Raumtiefe wird dabei ebenso zu berücksichtigen sein wie die gegenüberliegende Bebauung, die getönten Sonnenschutzscheiben oder die dunkle Ausstattung des Dachraums.

Auch das Innenfutter, das die Verkleidung der Dachschräge mit dem eigentlichen Fenster verbindet, beeinflußt die Helligkeit. Eine Untersuchung des Lichttechnischen Instituts der Universität Kopenhagen ergab: Ein weißes Innenfutter führt zu den größten Helligkeits-Werten. Auch wirkt das Fenster dann größer.

An heißen Sommertagen wird das Wohnbehagen in einer Dachwohnung von der Möglichkeit abhängen, Lichteinfall und Wärmestrahlung zu dosieren. Das läßt sich heute auf vielerlei Weise erreichen. (Manche dieser Vorrichtungen bieten übrigens im Winter zusätzlichen Wärmeschutz). Zur Wahl stehen:

☐ Rolladen, z.B. aus Alu-Lamellen, die über elektrische Fernbedienung oder mit einer Kordel zu bewegen sind. Wobei das Fenster voll beweglich bleibt und selbst bei geschlossenem Rolladen zum Lüften geöffnet werden kann.

☐ Jalousien oder Jalousetten: Sie können in jeder beliebiger Position gestoppt werden und regeln den

Ein Dachflächenfenster ist so einzubauen, daß ungehinderter Ausblick möglich ist: Fensteroberkante nicht unter 190 cm, damit man im Stehen hinaussehen kann, Fensterunterkante nicht über 100 cm, damit Hinaussehen auch im Sitzen möglich ist. Fensterbank: 80 cm. Quelle Velux

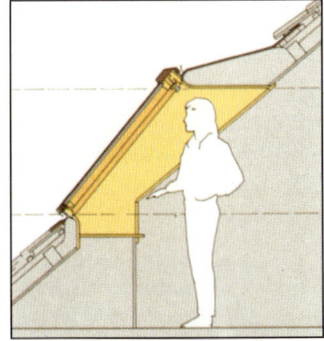

Bei flachgeneigten Dächern empfiehlt sich ein Aufkeilrahmen: dadurch ist mehr Kopffreiheit geboten.

57 %

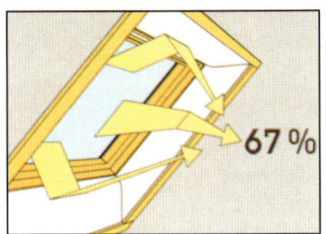

67 %

Wie hell es unterm Dach wird, hängt auch von der Farbe des Innenfutters ab. Das meiste Licht kommt bei weißem Innenfutter in den Raum.

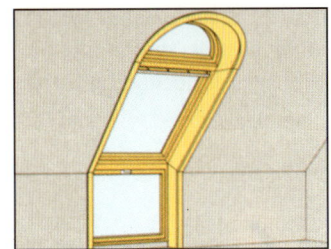

Wo ein Kniestock oder ein Drempel vorhanden ist, also eine ins Dachgeschoß reichende Außenmauer, läßt sich durch Zusatzelemente die Licht- und Durchblickfläche des Fensters im Wandbereich verlängern.

Bequem zu nutzen, bequem zu bedienen, leicht zu pflegen

Man kann es sich leicht vorstellen: Zu hohe Fensterbänke sind so lästig wie zu niedrige Fenster. Beide behindern den Ausblick. Deshalb ist es gerade bei Dachflächenfenstern wichtig, Unterkante und Oberkante des Fensters so zu wählen, daß ungestörter Ausblick möglich ist. Die Brüstungshöhe, also die Fensterunterkante, sollte 80-110 cm betragen, wobei bei 90 cm ein Ausblick auch im Sitzen möglich ist. Die Fensteroberkante liegt bei rund 190-200 cm nutzungsfreundlich. Wenn wir uns einmal auf ein Blatt Papier zwei Dachneigungen mittels Linie zeichnen, einmal flacher, einmal steiler, und wir zeichnen uns maßstabgetreu die Unterkante und die Oberkante mit 1 m und mit 2 m ein: dann wird augenfällig, daß für die flachere Dachneigung ein längeres Fenster nötig ist als für die steilere Dachneigung.

Die notwendige Länge könnte sogar die Maße der serienmäßig angebotenen Fenster überschreiten. Man kann sich dann behelfen, in-

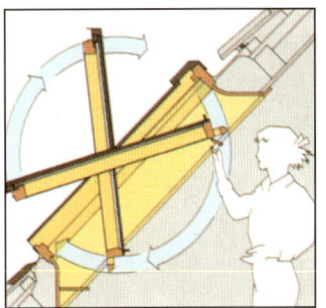

Fensterputzen leichtgemacht: Die Außenseite der Scheibe kann voll nach innen herumgeschwenkt werden.

Auch wenn kein Kniestock, keine Drempelwand vorhanden ist, läßt sich ein Dachflächenfenster mit einem senkrechten Zusatzelement einbauen: Dann entsteht davor ein Dacheinschnitt für einen kleinen Dachgarten.

Dauerlüftung ist, wenn gewünscht, auch bei verschlossenem Fenster möglich. Ein Luftfilter sorgt dafür, daß Staub und Insekten draußen bleiben.

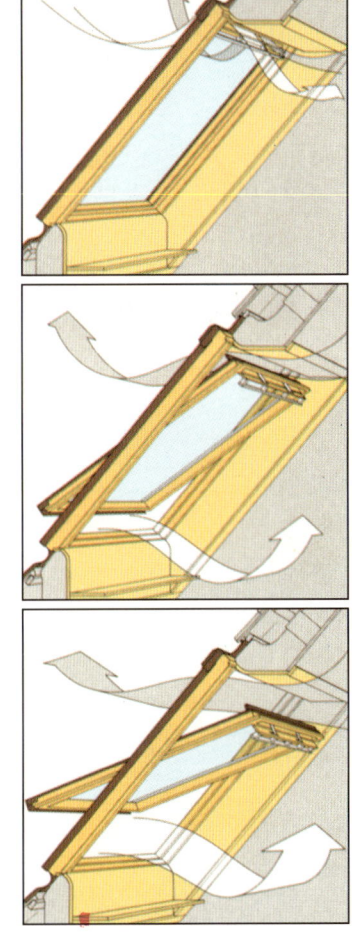

Drei Möglichkeiten der Lüftung. Oben: Dauerlüftung mit Luftfilter bei geschlossenem Fenster. Mitte: Zirkulations-Lüftung mit sturm- und kindersicher festgestelltem Fensterflügel. Unten: Beliebig starkes Stoßlüften durch den stufenlos verstellbaren Fensterflügel. Zeichnungen auf dieser Seite: Velux

---

Lichteinfall stufenlos. Solche Jalousetten gibt es auch mit einer silbernen Spezialbeschichtung: Wendet man im Sommer die silberne Seite der Lamellen nach innen, dann strahlt weniger Wärme nach innen ab, und der Raum bleibt länger kühl. Wendet man im Winter die silberne Seite der Lamellen nach außen, dann strahlt diese Seite weniger Wärme nach außen ab, und man spart Energie.
□ Faltstores aus strapazierfähigem Gewebe, mit waagerechten Plisseefalten, dämpfen grelles Tageslicht und schützen natürlich, wie die anderen Licht- und Sonnenschutzvorrichtungen auch, vor Einblicken.
□ Ähnlich wirken Rollos, die es in vielen Ausführungen, Stoffen, Farben und Mustern gibt. Spezielle Thermostopp-Rollos halten einen Teil der Wärmestrah-

len ab. Besonders effektiv wirken
□ Markisen. Da sie außen am Flügelrahmen angebracht sind, kann sich die Glasscheibe nicht aufheizen, gelangt UV- und Wärmestrahlung erst gar nicht in den Raum: Selbst an heißen Sommertagen bleibt es dadurch innen angenehm kühl.

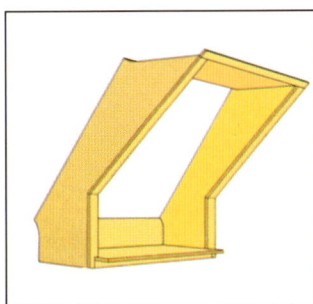

Innenfutter, hier für Fenster in Dachbereichen mit Abseite, die mit Aufkeilrahmen eingebaut sind, also eine steilere Neigung haben als das Dach. Fensterbanktiefe bis 40 cm. Die Fensterbank reicht in die Abseite hinein. Geeignet für Dachneigung von 20-49 Grad.

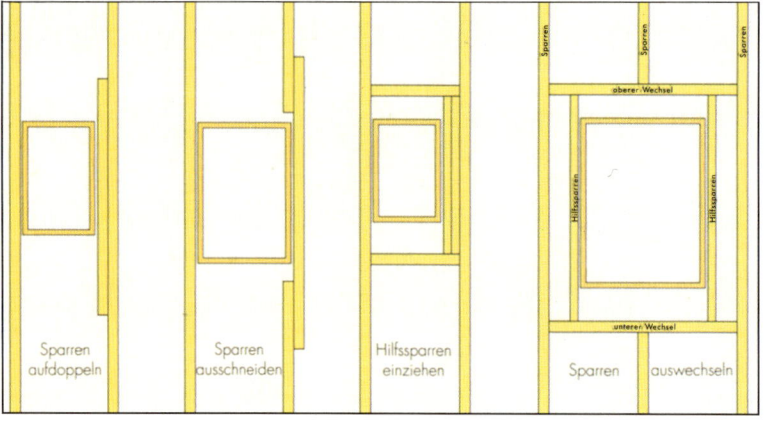

Oft sind Dachflächenfenster schmaler oder breiter als der Abstand zwischen den Sparren. Dann sind konstruktive Änderungen nötig. Hier vier Möglichkeiten, die Dachöffnung an die Fensterbreite anzupassen.

dem man einen Aufkeil-Eindeckrahmen einbaut. Dadurch wird die Neigung des Fensters steiler als die Dachneigung, es genügt also ein kürzeres Fenster, um die gewünschte Unterkante und Oberkante zu erreichen. Damit soll auch gesagt sein, daß die Technologie im Bereich der Dachflächenfenster so vorangeschritten ist in den letzten Jahren, daß es Lösungen auch für vertrackte Situationen gibt. So kann man heute durchaus beliebig viele Fenster übereinander oder nebeneinander einbauen, ja ganze Fenster-Kasetten sind möglich. Ein-

deckrahmensysteme erleichtern dabei den Einbau. Zusatzelemente gibt es auch für den Kniestock (oder Drempel, wie er in manchen Gegenden heißt), also für die Außenmauer, die ins Dachgeschoß hineinreicht: als senkrechte Fensterelemente, die an die schrägen

Elemente der Dachflächenfenster unmittelbar anschließen.

An unsere Zeichnung, mit der wir das Verhältnis von Dachschräge zu Dachflächenfensterlänge geklärt haben, läßt sich noch eine weitere Überlegung knüpfen: Wohin gehört der Fen-

stergriff, damit er sich bequem bedienen läßt? Ist er oben leichter zu erreichen oder unten? Nun, es gibt beide Lösungen. Und es gibt bei beiden Lösungen zufriedene Nutzer. Grundsätzlich kann gelten: Bei niedriger Fensterunterkante oder wenn Möbel vor dem Fen-

Das Gefühl der Beengung, die Dachräume früher hervorriefen, gehört endgültig der Vergangenheit an: Auch die Dachflächenfenster lassen sich heute weiter öffnen als früher. Abbildungen auf dieser Seite: Velux

Wie ein Raum unterm Dach wirkt, hängt auch von Fensterform und Fenstergestaltung ab: Mit einem Rundbogen-Zusatzelement läßt sich eine besondere Wirkung erzielen, und den Charakter des Raumes beeinflussen.

Für Bäder unterm Dach gibt es auch unempfindliche, formschöne Kunststoffenster. Die Grundkonstruktion von Flügel- und Blendrahmen besteht aus Holz, das in mehreren Schichten verleimt ist.

Sonnen- und Sichtschutz sind auf vielerlei Art möglich: mit Jalousien, Faltenstores, Rollos, Rolladen und Markisen.

ster stehen oder eine tiefe, vielleicht mit Blumen besetzte Fensterbank vorhanden ist, wird ein Obergriff leichter zu bedienen sein. Liegt die Oberkante des Fensters dagegen hoch, ist das Fenster steil, dürfte der Griff unten Vorteile haben. Ratsam ist, auf Messen oder im Handel bei eingebauten Fenstern einmal selbst zu probieren, wie es am bequemsten scheint.

Dachflächenfenster lassen sich bequem pflegen und reinigen, ohne Gefahr. Die Flügel sind so in Stellung zu bringen oder herumzuschwenken und in beque-

Hier wird die Großzügigkeit spürbar, die Dachflächenfenster den Räumen unterm Dach verleihen. Quelle: Abbildungen auf dieser Seite: Velux

Dachflächenfenster lassen sich vielfältig nebeneinander und übereinander kombinieren. Eindeckrahmen-Systeme erleichtern den Einbau.

Eine Alternative: geschlossen ist es ein Dachflächenfenster, geöffnet ein kleiner Dachbalkon. Der untere Teil wird dabei nach vorne geklappt, bis er senkrecht steht. Seitlich fallen Geländer heraus. Der obere Teil läßt sich wie ein normales Dachflächenfenster aufklappen.

Dachflächenfenster, kombiniert mit einem Dachbalkon. Die oberen Fenster lassen sich wie ein normales Dachflächenfenster öffnen, der untere Teil schwingt nach außen: Der Austritt auf den Balkon ist frei.

men Stellungen zu arretieren, daß jeder Teil leicht zugänglich ist. Die Außenseite der Scheibe ist dann so bequem zu putzen wie die Innenseite.

Überhaupt wurde in den letzten Jahren vieles getan, um die Bedienung zu erleichtern, bis hin zur elektrischen Fernsteuerung, die sich vor allem bei höher eingebauten Fenstern empfiehlt. Auch für die Sicherheit gegen Einbruch ist gesorgt: Es gibt ausgesprochene Sicherheitsfenster mit einbruchhemmenden Sicherheitsscheiben und einem Sicherheitsschloß. Sicherheitsschlösser können aber auch nachträglich montiert werden. Es gibt auch Sicherungsriegel, damit kleine Kinder das Fenster nicht unerlaubt öffnen können.

Eleganz unterm Dach: Ein Dachflächenfenster mit Stores und Übergardinen. So kann man Dachflächenfenster und Wohnstil in Einklang bringen. Quelle: Velux

Lüften ganz nach Wunsch

☐ Fenster in der Dachfläche sind der Witterung besonders ausgesetzt. Deshalb war konstruktiv Vorsorge zu treffen, um eine sichere, dosierte Lüftung zu ermöglichen. Für das

☐ Stoßlüften läßt sich der Fensterflügel stufenlos aufklappen oder schwenken. Für die

☐ Zirkulationslüftung kann

Sicherheitsschlösser lassen sich auch nachträglich einbauen. Quelle: Braas

Rollos, Schattenspender, gibt es in unterschiedlichen Ausführungen und Farben, passend zur Einrichtung. Quelle: Braas

Erhöhten Sonnen- und Hitzeschutz bietet eine außen am Flügelrahmen angebrachte Markise. Denn die Glasscheibe heizt sich nicht auf, UV- und Wärmestrahlung gelangen nicht in den Raum. Quelle: Braas

Dachflächenfenster erfüllen heute alle Funktionen, die der Wohnkomfort erfordert. Quelle: Braas

Ein zweckmäßiger Arbeitsplatz braucht Licht. Bei modernen Dachflächenfenstern läßt sich die Belichtung dosieren. Quelle Braas.

Ein Sicherungsriegel, oben versteckt hinter der Griffleiste, sorgt dafür, daß auch in der Zirkulations-Lüftungs-Stellung Kinder das Fenster nicht öffnen können.

Hier werden zwei Fenster einschließlich Rolläden bequem vom Bett aus bedient. Quelle: Abbildungen auf dieser Seite: Velux

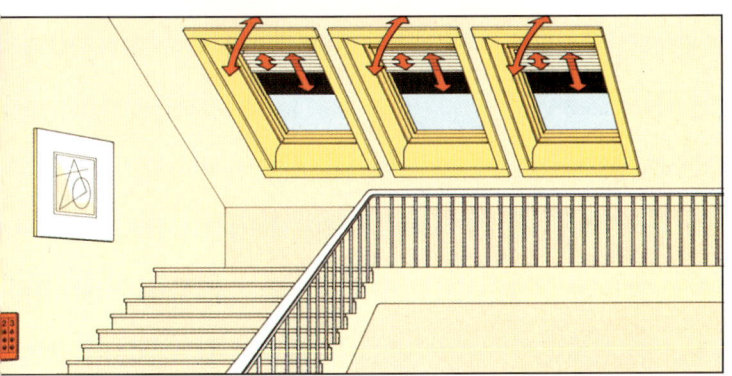

Fenster, Jalousetten und Rolläden kann man auch elektrisch bedienen, hier von einer oder zwei zentralen Stellen aus. Einfacher geht's nicht!

Eine interessante Lösung: Dachflächenfenster sind hier in der Senkrechten und in der Schräge eingebaut.

man den Fensterflügel in der Regel sturm- und kindersicher arretieren: Dabei strömt frische Luft unten herein, die verbrauchte Luft oben ab. Auch

□ Dauerlüftung mit Luftfilter bei geschlossenem Fenster ist möglich: Frische Luft kann einströmen, Staub, Flugschnee und Insekten bleiben draußen.

Einbau: funktionssicher, einfach, wirtschaftlich

Einfach heißt nicht, daß jeder Heimwerker auf das Dach klettern und ein Dachflächenfenster einbauen könnte. Einbauen sollte der Fachmann. Denn Arbeiten am Dach sind nicht ungefährlich, und Einbaufehler bedeuten Schäden. Schäden aber bedeuten Kosten. Kosten, die sich jeder Bauherr ersparen kann, zumal anerkannte Handwerksbetriebe durch ihre Gewährleistung die Sicherheit bieten, die ein Bauherr braucht. Aber weitgehende Vorfertigung im Werk, Elementierung, vereinheitlichte Größen, Baukastensysteme erleichtern, vereinfachen und beschleunigen die Einbauarbeiten auch für Fachleute. Da die Dachflächenfenster oft brei-

ter sind als die Sparrenabstände, müssen z.B. Sparrenstücke, die im Wege sind, herausgeschnitten werden. Man zieht dann waagrecht sog. Wechsel ein, mit denen die beiden nächstliegenden durchgehenden Sparren verbunden werden. Solche Arbeiten erfordern natürlich Fachkenntnis.

Bei Arbeiten am Dach ist auch stets die Wärmedämmung zu beachten, sind Wärmebrücken, vor allem an den Anschlüssen der Bauteile, zu vermeiden. Auch die Dampf- und Windsperren, mit denen verhindert wird, daß feuchte Raumluft in die Konstruktion dringt, sind sorgfältig auszuführen. Eine nicht ganz einfache Arbeit, wie die Erfahrung zeigt. Fehler aus Unkenntnis oder Hast können hier zu kostspieligen Schäden führen.

Und spätestens hier, bei diesen bauphysikalischen Problemen, dürfte der Rat verständlich werden, für den Einbau einen Fachmann hinzuzuziehen. Denn fachgerechter Einbau ist nun einmal ein Stück Produktqualität. Und Produktqualität macht sich bezahlt. Besonders im Dachbereich.

Heizung & Warmwasser unterm Dach

Egal, wie Dachgeschoßräume genutzt werden sollen: zumindest die Frage der Beheizung stellt sich, für viele Nutzungen aber auch die Frage, wie am einfachsten Warmwasser zu erzeugen sei. Doch sollte bei allen diesen Überlegungen auch der ökologische Aspekt, die Schonung der Umwelt, einbezogen sein: denn anders ist eine zukunftssichere Entscheidung nicht zu treffen.

Wenn ein Anschluß an die Zentralheizung möglich ist

Die Entscheidung, wie ein bestimmtes Dachgeschoß am günstigsten zu beheizen sei, wird dort leicht zu fällen sein, wo ein Anschluß an die Zentralheizung des Hauses möglich ist. Und vielleicht wurden gar schon bei der letzten Modernisierung oder beim Erbauen des Hauses Heizleitung, Wasserleitung und Abwasser-Installation ins Dachgeschoß geführt, für den späteren Ausbau. In solchem günstigen Fall stellen sich bei der Ausbauplanung nur zwei Probleme: Liegen die Installationen dort, wo sie für den geplanten Ausbau gebraucht werden, zum Beispiel an der Stelle des Bad/Fitneßraumes? Das zweite Problem betrifft die Warmwassererzeugung.

Auch bei Anschluß der Heizung an die im Haus vorhandene Zentralheizung ist zu erwägen, ob eine dezentrale Warmwassererzeugung, nämlich jeweils an der Stelle, wo Warmwasser gebraucht wird, nicht günstiger wäre. Etwa durch ein elektrisches Kochendwasser-Gerät für die Küche.

Die technologische Spitze freilich bei elektrischen Warmwasserbereitern halten heute die vollelektronischen Durchlauferhitzer. Da der durch Micro-Computer gesteuerte Durchlauferhitzer exakt mit der Leistung betrieben werden kann, die der gewünschten Temperatur und Wassermenge entspricht, wird Energie gespart.

Doch bietet er auch zeitgemäßen Komfort: Konstante Warmwassermenge bei gleicher Temperatur, genaue Wahl der Temperatur.

Um Energieverluste zu vermeiden, sollte auf möglichst kurze Leitungswege geachtet werden: Zum Beispiel durch Planung von Küche und Bad als nebeneinanderliegende Räume. Der Durchlauferhitzer versorgt dann energiesparend beide Zapfstellen mit warmem Wasser.

Läßt sich die Heizung für die neu ausgebauten Räume im Dachgeschoß an die bereits vorhandene Zentralheizung des Hauses anschließen, dann empfiehlt es sich, das nötige Warmwasser im Dachgeschoß dezentral zu erzeugen: über elektrische Geräte. Für die Küche zum Beispiel haben sich Kochendwasser-Geräte längst bewährt. Es gibt sie heute auch in modischen Farben. Foto: Stiebel Eltron

Wenn Anschluß an die Zentralheizung nicht möglich ist

Häufig jedoch kommt ein Anschluß an die vorhandene Zentralheizung des Hauses nicht in Frage. Dann stellen sich folgende Probleme: Wie groß ist der Wärmebedarf? Welcher Brennstoff steht zur Verfügung oder ist wünschenswert? Wird Warmwasser gewünscht, stellt sich noch als weitere Frage: Erzeugt man Warmwasser über den Heizkessel oder dezentral mit elektrischem Strom?

Der Wärmebedarf läßt sich über eine Faustregel schätzen, vorausgesetzt, die Wärmedämmung des Dachgeschosses entspricht den Mindestanforderungen der Wärmeschutzverordnung. Unter diesen Umständen ist der Wärmebedarf für einen Quadratmeter beheizte Wohnfläche mit rund 80 bis 100 Watt anzusetzen. Multipliziert man diese Wattzahl mit den vorhandenen Quadratmetern, dann erhält man die ungefähre Gesamtwärmeleistung, die von einem Wärmeerzeuger gefordert ist. Diese errechnete Gesamtwärmeleistung kann auch bei der Energiewahl helfen: Denn Ölbrenner haben eine untere Leistungsgrenze, die etwa um 10 kW liegt. Mit Gas dagegen lassen sich auch kleine Anlagen vernünftig betreiben.

Eine solche kleine Heizungsanlage, zum Beispiel in der Form von Etagenheizungen, ist sehr anpassungsfähig und gestattet einen sehr wirtschaftlichen Heizbetrieb. Die dafür notwendigen Heizkessel haben geringe Maße und lassen sich ohne größere Umstände installieren, und das selbst in einer Küchenzeile; sie entsprechen der Küchennorm. Heizgeräte dieser Art gibt es auch für raumluftunabhängige Betriebsweise. Die dafür nötige Luft-/Abgasführung kann entweder waagerecht oder auch senkrecht durch Flachdächer oder Schrägdächer im Bereich von 25 bis 50 Grad Dachneigung erfolgen. Raumluftunabhängige Betriebsweise ist auch oft über vorhandene Alt-Schornsteine möglich.

Nun bleibt noch die letzte Frage zu beantworten: Ob sich denn bei einer Gas-Etagenheizung, wie sie sich tausendfach unter Dächern bewährt hat, kombinierte oder getrennte Warmwassererzeugung empfehle. Die Antwort ist einfach: In kleineren Heizkreisen ist die Kombination Heizung-Warmwasser eine wirtschaftliche Lösung, in Form einer kompletten Heizzentrale mit eingebauter Warmwasserversorgung.

Um die Wirtschaftlichkeit einer solchen Heizzentrale auf den höchsten, heute möglichen Stand zu bringen, ist es nötig, die Wärmeerzeugung zu regeln.

Wie bewerkstelligt man das? Zum Beispiel durch den Einsatz von Heizkörper-Thermostaten, die eine dosierte örtliche Wärmeabgabe ermöglichen. Doch gibt es auch raffinierte, durch Mikro-Prozessor gesteuerte Raumregelgeräte mit vielerlei Funktionen, z. B. mit individueller Zeitregelung: etwa durch Nachtabsenkung, durch tageszeitliche Nutzungsunterbrechungen. Wobei eine zu starke Auskühlung in jedem Fall vermieden werden sollte. Die Regelung kann auch auf die Wärmequellen reagieren, die außer der Heizung in einem Raum wirken: Beleuchtungswärme zum Beispiel, Gerätewärme, Sonneneinstrahlung durch Fenster und so weiter.

Bei der Heizungs- und Warmwasserinstallation unterm Dach die moderne Technologie sorgfältig zu nutzen, das empfiehlt sich nicht nur, weil man damit Energie spart und umweltfreundlich handelt: Gleichzeitig läßt sich durch solche Entscheidungen auch der Wohnkomfort, das Wohnbehagen steigern.

Moderne Gasheizkessel nehmen nicht viel Platz weg und fügen sich auch in die Zeile der Küchenunterschränke. Foto: Vaillant

Zur Spitzentechnologie zählen die vollelektronischen Durchlauferhitzer, die warmes Wasser gradgenau liefern. Sie können mehrere Zapfstellen gleichzeitig versorgen. Foto: Stiebel Eltron

Gas-Wärmezentrum für raumluftunabhängigen Betrieb. Sorgt für Heizung und Warmwasser. Foto: Vaillant

Die Zeit, da Wohnen unterm Dach ein Notbehelf war, ein Dienstbotenschicksal, ist längst vorüber. Wachsende Erfahrung der Architekten führt heute zu Grundriß-Lösungen unterm Dach, die notwendige Kompromisse, wie sie zum Beispiel die Lage eines vorhandenen Treppenhauses fordert, vergessen machen. Mehr noch: Alle beliebten Attribute zeitgemäßen Wohnens haben auch unterm Dach ihren Platz: vom Wintergarten bis zum großen Wohnbadbereich.

Ein Dachgeschoß
mit
Wintergarten

1 Eingang mit Flur: Die Tür links führt in einen kleinen Vorraum, der die beiden Kinderzimmer und die Dusche erschließt.

2 Der Wintergarten, der sich unmittelbar an das Wohnzimmer anschließt. Er besteht aus wärmegedämmten Aluminiumprofilen.

3

4

3 Das Babyzimmer, dem elterlichen Schlafbereich benachbart, öffnet sich auf eine Loggia. Auch als Arbeitszimmer zu nutzen.

4 Die zweizeilige, modern und praktisch ausgestattete Küche. Als Bodenbelag sind hier Granitplatten verlegt.

5

6

7

5 Der große Wohnraum, vom Wintergarten aus gesehen. Rechts, zwischen den Fenstern, praktische Regaleinbauten (siehe auch Aufmacherbild).

6 Das Elternbad. Links, hinter einem Raumteiler, der als Waschtisch ausgebildet ist, die Whirlpoolwanne.

7 Das Duschbad, das den beiden Kinderzimmern zugeordnet ist und von beiden Zimmern aus über einen kleinen Flur erreicht werden kann.

1 Vom Bad aus führt eine Wendeltreppe in den Spitzboden. Dort sind Solarium und Sauna untergebracht.

2 Details der beiden Kinderzimmer. Ein separater, kleiner Flur trennt sie vom Hauptflur, der zum Wohnbereich offen ist.

3 Dachgeschoßwohnen in durchgrünten Großstadtvierteln: eine neue Wohnform.

Dachdämmung

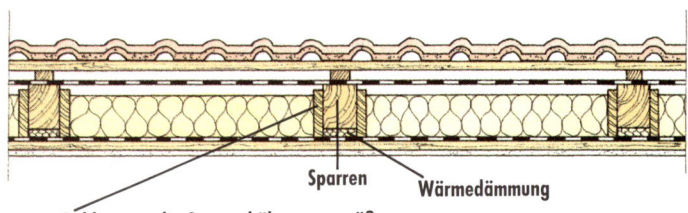

Sparren   Wärmedämmung

Bohlen, um die Sparrenhöhe zu vergrößern

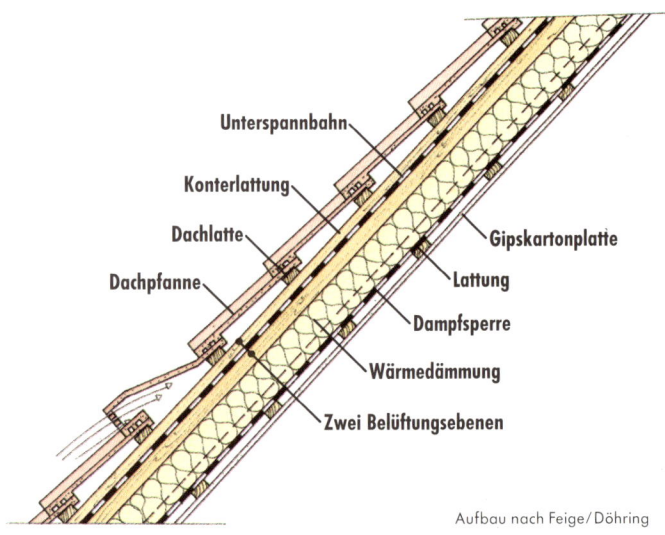

Unterspannbahn

Konterlattung

Dachlatte

Dachpfanne

Gipskartonplatte

Lattung

Dampfsperre

Wärmedämmung

Zwei Belüftungsebenen

Aufbau nach Feige/Döhring

Ein Dachgeschoß
mit Wintergarten

Das Dachgeschoß, mit einer Grundfläche von rund 180 qm, liegt in einer freistehenden Villa, die um 1910 erbaut wurde. Wie meistens in Berliner Häusern war das Treppenhaus bereits bei der Erbauung in den Dachstock hochgeführt worden. Damit war eines der Hauptprobleme beim Dachgeschoßausbau aus der Welt.

Vorgabe war, den Grundriß so aufzuteilen, daß er Platz für das Ehepaar K., zwei halbwüchsige Kinder und ein Baby bot. Da die Lage der Erschließungszone durch das vorhandene Treppenhaus bestimmt war, ergab sich eine günstige Trennung in Bereiche: straßenseitig, einer ruhigen Wohnstraße zugewandt, liegen die beiden Kinderzimmer, denen ein separates Duschbad zugeordnet ist. Ihm gegenüber die Küche. Anschließend der große Wohnbereich, von dem ein Teil als Wintergarten gestaltet ist. Die gartenseitige Hälfte des Grundrisses bietet Raum für Elternschlafzimmer, Babyzimmer, das auch als Arbeitszimmer geeignet ist und Bad. Vom Elternschlafzimmer und Babyzimmer aus ist eine Loggia zu betreten, vom Bad aus führt eine Treppe in den Spitzboden, wo Sauna und Solarium eingebaut sind. Alles in allem ein gut funktionierender Grundriß, der eine ganze Reihe individueller Wohnbedürfnisse befriedigt.

Natürlich mußte, um die höheren Lasten des Ausbaus tragen zu können, der Fußboden verstärkt werden: teils durch Holzbalken, teils durch Stahlträger. Im Dusch- und Küchenbereich, wo Granitplatten verlegt wurden, ist ein Estrich eingezogen. Wo Teppichboden verlegt wurde, hat man Unebenheiten des vorhandenen Bodens mit einer Schüttung aus trockenem Sand und Zement ausgeglichen und darüber doppelt verleimte Fußbodenverlegeplatten aufgebracht. In den Naßräumen wurde zusätzlich, um die Konstruktion darunter vor Feuchtigkeit zu schützen, eine Wanne aus Bitumenpappe gebildet; die Pappe ist an den Wänden 20 cm hochgezogen. Die Innenwände sind in Leichtbauweise errichtet: aus Holzständern, die mit Gipskartonplatten beplankt sind. Die Hohlräume wurden mit Mineralfasermatten ausgefüllt. Das Dach, ein Walmdach, wurde neu verlattet und neu eingedeckt. Es erhielt auf den Sparren eine Unterspannbahn und ist zwischen den Sparren mit Dämmkeilen aus Mineralfaser gedämmt. Als Dampfsperre wurde an der Raumseite eine PE-Folie aufgebracht. Der Wintergarten besteht aus einer wärmegedämmten Aluminiumkonstruktion.

Das leidige Problem der Reinigung der Glasflächen wurde hier praktisch gelöst: was der Regen nicht von der Schräge spült, kann entweder vom Wohnraum aus entfernt werden, indem man das Dachelement über den Knickpunkt aufschiebt, oder vom darüberliegenden Dachflächenfenster des Saunabereichs aus; dafür wurde eigens eine Stange konstruiert, die diese Arbeit erleichtert. Die Dachflächenfenster bestehen aus Holz.

Das Haus mit seinen sieben Wohnungen gehört einer Eigentümergemeinschaft. Um das Dachgeschoß zu beheizen, hätte man sich leicht an die Zentralheizung anhängen können. Doch wollte der Bauherr den umständlichen

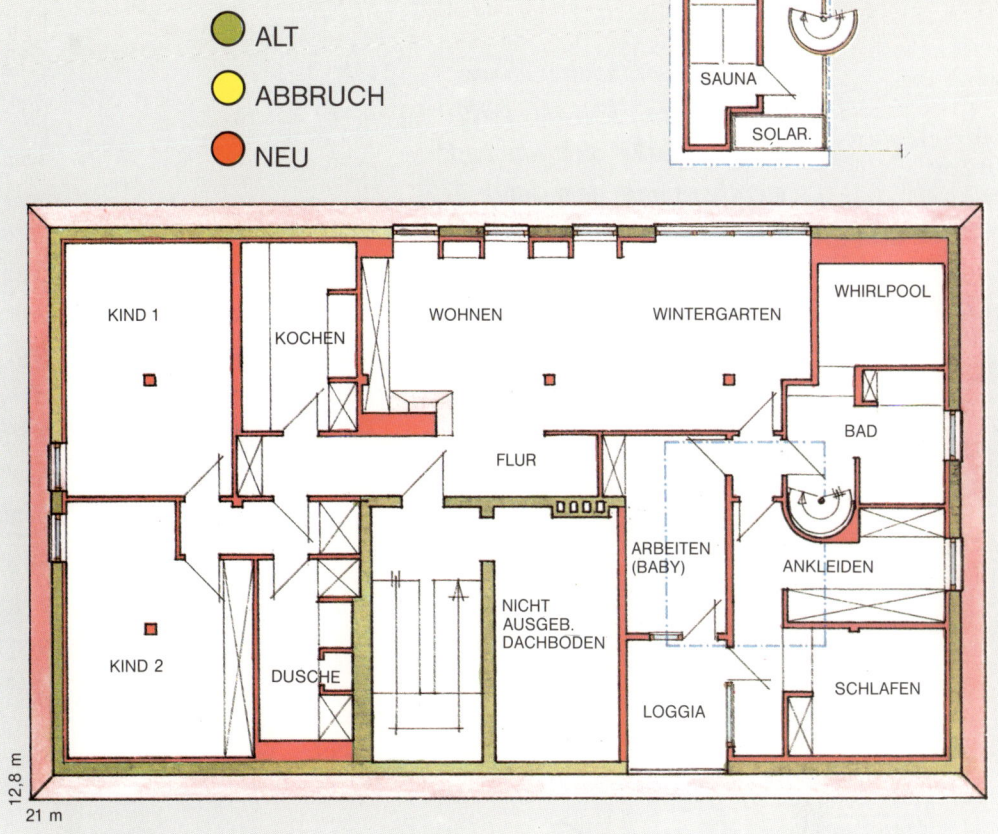

ALT
ABBRUCH
NEU

SAUNA
SOLAR.

KIND 1   KOCHEN   WOHNEN   WINTERGARTEN   WHIRLPOOL

BAD

FLUR

ARBEITEN (BABY)   ANKLEIDEN

KIND 2   DUSCHE   NICHT AUSGEB. DACHBODEN   LOGGIA   SCHLAFEN

12,8 m

21 m

jährlichen Abrechnungen entgehen. Deshalb wurde eine Gastherme eingebaut. Warmwasser liefert ein Warmwasserspeicher mit 180 Liter Inhalt.

Ein besonderes Wort verdient noch das Bad, besser: der Badbereich. Er sollte einen Badekomfort bieten, der es erlaubt, sich länger darin aufzuhalten. Erreicht wurde die behagliche Wirkung zum Beispiel durch Abtrennung der Wanne vom üblichen Badbereich, erreicht wurde eine gewisse Großzügigkeit durch die Gestaltung des Bades auf zwei Ebenen, mit innenliegender Wendeltreppe, die der Raumwirkung zugute kommt.

Es gibt Maisonettewohnungen unterm Dach: das hier ist ein Maisonettebad. Und von der Bequemlichkeit her gesehen: ein günstigerer Platz für Sauna und Solarium als im Spitzboden läßt sich schwerlich denken.

Fotos: Rolf Peter Reichel, 96271 Grub am Forst

Was kostet ein solcher Dachgeschoßausbau?
Einschließlich Dacheindekkung, aber ohne Nebenkosten, die etwa 12 Prozent betragen, kann man mit folgenden Kosten rechnen:
☐ in einfacher Ausführung: ca. 2000 DM/qm
☐ in gehobener Ausführung: ca. 2200 DM/qm
☐ mit Luxusausstattung: ca. 2400–2800 DM/qm.

Frau und Herr K. über ihre Dachgeschoßwohnung:

„Wir sind hier keinerlei mindernde Kompromisse eingegangen. Das Bad wird durch die schrägen Wände erst richtig behaglich. Und unser Wintergarten läßt uns Sommerfreuden bis weit in den Herbst hinein genießen. Das ist Wohnkomfort fast wie in einem Bungalow."

Produkte und Daten

☐ Mineralfaser-Dämmkeiledach: Deutsche Rockwool Mineralwoll-GmbH, Postfach 207, 45966 Gladbeck, Tel. (02043) 4080
☐ Gipskartonplatten für Innenwände und Dachuntersicht: Gebr. Knauf, Westdeutsche Gipswerke, Postfach 10, 97343 Iphofen, Tel. (09323) 31-1
☐ Dachflächenfenster: Velux GmbH, Postfach 540260, 22527 Hamburg Tel. (040) 54840
☐ Planung und Bauleitung: Ingenieurbüro G + K, Berlin

Wohnen

Alte Fachwerkbauten haben Atmosphäre. Als der Architekt Krügerke sich ein Fachwerkhaus aus dem Jahre 1751 **kaufte, mußte er sich deshalb mehrere Fragen beantworten. Er wollte das alte Haus als Zeitdokument behutsam erhalten: Wie war dies zu erreichen, ohne das Haus in ein Museum zu verwandeln? Er wollte das Haus zeitgemäß bewohnbar machen: Was war zu beachten, damit der alte Charakter des Fachwerkhauses nicht darunter litt. Was bedeutete das alles für den Ausbau einer Dachgeschoßwohnung?**

unterm Dach:
in einem
Fachwerkhaus

Wohnen unterm Dach: in einem Fachwerkhaus

Ein altes Haus, ein Dachgeschoß, das bewohnt werden soll, muß heute, ob denkmalgeschützt oder nicht, bestimmten Ansprüchen an Wohnbehagen genügen: Da Fachwerkwände, wegen der Konstruktion aus unterschiedlichen Materialien, aber auch wegen ihrer geringen Dicke (hier betrug sie 14 cm) nur völlig unzureichende Wärmedämmung bieten, mußten sie nachträglich gedämmt werden. Wie konnte das geschehen, zeitgemäß, ohne den Althauscharakter zu stören? Zumal auch die alten Lehmausfachungen der Fachwerkwand nicht mehr zu erhalten waren. Der Bauherr entschloß sich, die Lehmausfachungen durch Ausmauerungen mit porosierten Ziegeln zu ersetzen. Und hinter den Fachwerkwänden, deren tragende Funktion voll erhalten blieb, eine zweite, 24 cm dicke Schale aus porosierten Hochlochziegeln so zu setzen, daß zwischen Fachwerk und zweiter Schale Raum für 8 cm Wärmedämmung und 4 cm Hinterlüftung blieb. Sogenannte Lüftungssteine, über die Gefache verteilt, gewährleisten, daß die Hinterlüftung auch funktioniert. Dadurch sind die Außenwände zwar statt 16 jetzt 56 cm dick und wird die Fläche der Innenräume verständlicherweise verringert: Aber der Bauherr, der sein eigener Architekt ist, nimmt diesen Nachteil in Kauf. Denn der Bau hat dadurch die Funktion ei-

nes Massivhauses erreicht, ist also unter den Bedingungen zu bewohnen, wie sie heute aus Gründen des Wohnkomforts, aber auch aus ökologischen Gründen, gestellt sind. Und der Pluspunkt hinsichtlich der Erhaltung der alten Baugestalt: das Fassadenbild blieb vollständig erhalten. Verputzt wurden die Gefache in drei Lagen: mit Kalkputz, dessen Zementzusatz, von Lage zu Lage, von innen nach außen abnahm. Darauf kam ein mineralischer Anstrich. Die Fugen zum Holz wurden bewußt belassen und eingeschnitten. Die Außenwandkonstruktion verhindert, daß es zu Schäden kommt.

Das zweite, wichtige Problem beim Dachgeschoßausbau ist die Decke, also der Fußboden der Dachgeschoßwohnung. Der Dachausbau bringt zusätzliche Lasten: also muß die Tragfähigkeit der Decke überprüft werden. Hier war sie ausreichend: doch wurden die alten Deckenbalken aus Fichte/Tanne, die im Wechsel mit Eichenbalken lagen, entfernt und durch alte Eichenholzbalken ersetzt. Die Deckenkonstruktion besteht also jetzt durchgängig aus Eichenholz: auch ein Zug des werkstoffgerechten Sanierens.

Die alten Eichenbohlen über den Balken blieben erhalten: man legte Bitumenpappe darüber, Mineralwolldämmung, Zementestrich und Fertig- bzw. Stabparkett. Auch der Fußboden des Bades in der Dachgeschoßwohnung ist so aufgebaut: als Oberbelag erhielt er versiegeltes Stabparkett, um die Großzügigkeit der bewohnten Flächen zu unterstreichen.

Das dritte, entscheidende Problem beim Dachausbau schließlich ist der Aufbau

1 Der Wohnbereich: Die Rauhspundschalung und die Kehlbalken wurden weiß gestrichen, doch setzte man dem Weißton ein wenig Blau zu, um die Helligkeitswirkung zu erhöhen.

2 Der Eßbereich. Die Dachschräge wurde für Einbauschränke genutzt. Der Eßraum öffnet sich nach oben bis unter den First: ein Kunstgriff, um das Gefühl der Enge zu vermeiden.

3 Das Herrenschlafzimmer, dem Damenschlafzimmer gegenüber und, wie das Damenschlafzimmer auch, durch Einbauschränke vom Bad zwischen den beiden Schlafzimmern getrennt.

Fotos: Friedhelm Thomas, 47804 Krefeld

Aufmacherbild auf vorhergehender Seite: Im Wohnbereich: Blick vom rückwärtigen Giebel auf den Kachelofen, die Eingangstür und den Aufgang zum Spitzboden. Deutlich zu erkennen: die sichtbar belassenen braunen Sparren und die neu eingefügten Kehlbalken, die gleichzeitig die Fußbodenkonstruktion des Spitzbodens tragen.

Das Damenschlafzimmer, das seine Atmosphäre außer durch die sichtbaren Sparren auch durch die alten Möbel erhält.

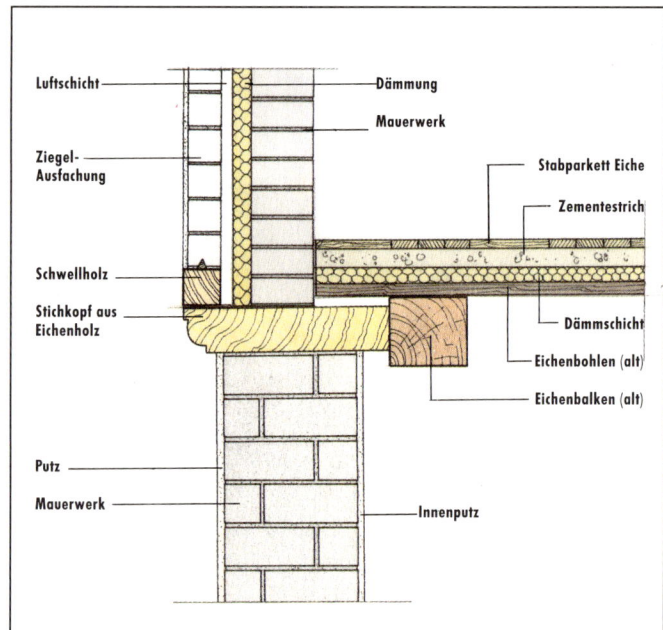

Links: So ist der Fußboden des Dachgeschosses aufgebaut. Um eine großzügige Raumwirkung zu erzielen, ist Stabparkett aus Eichenholz in allen Räumen als Oberbelag eingesetzt, auch in Bad und Küche.

Luftschicht — **Dämmung**
Ziegel-Ausfachung — **Mauerwerk**
— **Stabparkett Eiche**
— **Zementestrich**
Schwellholz
Stichkopf aus Eichenholz — **Dämmschicht**
— **Eichenbohlen (alt)**
— **Eichenbalken (alt)**
Putz
Mauerwerk — **Innenputz**

Rechts: Wärmedämmung Fachwerkwand: der vorhandenen Fachwerkwand ist innen eine 24 cm dicke Schale aus Hochlochziegeln (HLZ) vorgesetzt. Dazwischen Wärmedämmung und Luftschicht. Eine Lösung des Dämmproblems, bei der die Fachwerkwand und ihr Bild voll erhalten bleiben.

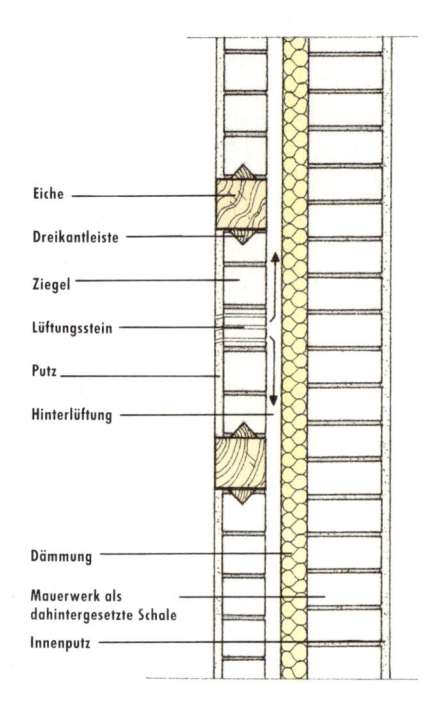

Eiche
Dreikantleiste
Ziegel
Lüftungsstein
Putz
Hinterlüftung
Dämmung
Mauerwerk als dahintergesetzte Schale
Innenputz

1 Das Haus vor der Sanierung. Deutlich wird, daß es beim Dachgeschoßausbau häufig nötig wird, Fensteröffnungen neu zu brechen.

2 Der Hausgiebel zum Garten hin, vor der Sanierung.

3 Das Fachwerkhaus von der Straßenseite her: Hinter den vier Fenstern im Giebelfeld liegen die beiden Schlafräume und dazwischen das Bad; das Fenster im Spitzboden gehört zum Gastzimmer.

4 Ein reizvoller Gegensatz, mit dem bewußt zu spielen durchaus legitim ist: die Gästetoilette mit einem hochmodernen Spiegel. Die bewußte Verwendung von modernen Gestaltungselementen im alten Haus bezeichnet man als Zitat.

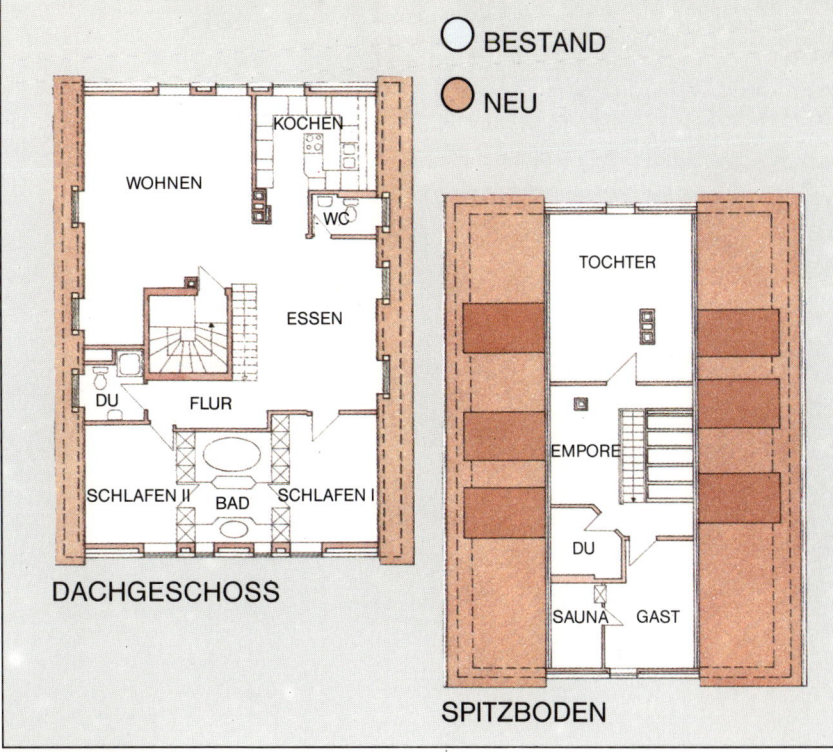

BESTAND

NEU

KÖCHEN

WOHNEN

WC

ESSEN

DU

FLUR

SCHLAFEN II

BAD

SCHLAFEN I

DACHGESCHOSS

TOCHTER

EMPORE

DU

SAUNA

GAST

SPITZBODEN

Das Bad zwischen den beiden Schlafzimmern. Der Waschtisch, zwischen den beiden Fenstern und der Badewanne gegenüber. Auch hier ist durch sichtbar gelassenes, altes Holz der Fachwerkcharakter noch spürbar.

5 Die zweckmäßige Küche, vom Eßbereich zu betreten, ebenfalls mit Parkett, um die Großzügigkeit der Dachgeschoßwohnung zu betonen. In Raummitte der praktische Herdblock.

6 Der Gartengiebel nach der Sanierung: Auch hier sind Fensteröffnungen, angepaßt an die Fachwerkkonstruktion, neu gebrochen worden.

des Daches und seine Dämmung. Da der Dachboden früher nur als Speicher genutzt worden war, mußte der Dachstuhl stabilisiert werden. Eine der Maßnahmen bestand darin, die Dachsparren durch sogenannte Kehlbalken zu verbinden: sie dienen auch zugleich als Träger des Fußbodens für die Räume im Spitzboden, also unter dem Dachfirst.

Die Dachsparren sollten, um den Charakter des alten Fachwerkhauses zu bewahren, von unten sichtbar bleiben. Damit war der übrige Aufbau vorgezeichnet: auf den Sparren wurde eine Rauhspundschalung verlegt, darauf kamen Bitumenpappe, im Abstand von 50 cm 6×12 cm starke Kanthölzer, und zwischen die Kanthölzer 100er-Dämmung, so daß 2 cm für Hinterlüftung verblieben. Über die Kanthölzer verlegte man eine Unterspannbahn, brachte längs der Kanthölzer Konterlattung an, und darauf die Lattung.

Die Voraussetzungen für den weiteren Innenausbau waren damit geschaffen. Die Fenster wurden nachgebaut, aus Mahagoniholz, das mit Acryllack weiß gestrichen wurde. Verglast sind

die Fenster mit Isolierglas bei alter Sprosseneinteilung.

Die Türen sind alt, massiv Eiche. Sie waren mehrfach gestrichen und wurden gesäubert und gewachst. Damit das Eisen, im Sinne der Materialgerechtigkeit, sichtbar bleibt, wurden Beschläge, handgeschmiedete Geländer oder auch Gardinenstangen nur mit Zaponlack gestrichen, einem farblosen Lack, der sich für die Lackierung von Weiß- und Buntmetallen im Innenausbau eignet. Die Innenseiten der Giebel wie auch die Fensterlaibungen wurden mit Glasfasertapeten bespannt und mit Acryllack bestrichen. So vermeidet man in den Fensterlaibungen die gilbenden Ränder.

Die Dachgeschoßwohnung, einschließlich des dazugehörigen Spitzbodens bietet eine Wohnfläche von 148 qm: genug Platz, um sich wohlzufühlen, um sich Einrichtungswünsche zu erfüllen und ein Leben nach seinem Geschmack zu führen.

Planung und Bauleitung:
Günter Krügerke; Architekt,
Hauptstraße 38,
33813 Oerlinghausen,
Telefon (05202) 1056,
Telefax (05202) 2916.

Wer bei Dachgeschoßwohnungen bloß
an schräge Wände denkt und an
deren charakteristische Raumwirkung,
die heute viele als Behaglichkeit erle-
ben: den wird die hier gezeigte Dach-

GROSSZÜGIGER

ALS MANCHES

wohnung überraschen. Mit 216 qm
Wohnfläche und ihren weiten, hohen
Räumen gibt sie einen neuen Begriff
vom Wohnen unterm Dach.

VOLLGESCHOSS

GROSSZÜGIGER ALS MANCHES VOLLGESCHOSS

Großflächige Dachausbauten bedeuten für die tragende Konstruktion eines Hauses zusätzliche Belastung: sie macht es in den meisten Fällen notwendig, die Deckenbalken, die den Fußbodenaufbau und die Einbauten tragen, zu verstärken. Doch wird vielfach auch der Dachstuhl und seine Konstruktion verstärkt und verändert werden müssen, wenn, bei aller Kompromißbereitschaft, der Ausbau, die Raumaufteilung, dadurch allzusehr behindert wird: ein Ständer der Konstruktion zum Beispiel mitten in einem geplanten Raum zu stehen kommt, wo er nicht in die Gestaltung einzubeziehen ist, ohne zu stören. Freilich tut der Bauherr gut daran, sich klar zu machen, daß der planende Architekt gewisse konstruktive Randbedingungen wird berücksichtigen müssen, schon aus wirtschaftlichen Gründen. Es zählen neben den Holzkonstruktionen auch Treppenhaus zum Beispiel oder Entwässerungsleitung oder Steigleitungen zu den konstruktiven Randbedingungen, die in eine vernünftige Planung einfließen müssen. Um alle diese Gegebenheiten und Zustände zu erfassen, wird der Architekt vor Beginn der Planung Zeichnungen anfertigen, das Aufmaß also, das Deckenbalken und Holzkonstruktionen maßstabgerecht enthält. Ein Holzschutz-Spezialist wird das gesamte Holzwerk nach tierischen oder pflanzlichen Schädlingen untersuchen und die Ergebnisse in einem Gutachten niederlegen. Ein Statiker

1 In der inneren Ecke des Wohnbereichs ist die offene Küche installiert: abgesetzt durch Fliesenbelag und Wandbänder an der Decke, optisch zurückgenommen aber durch die hellen Farbtöne.

2 Der große Wohnbereich mit seinen zwei Dachterrassen ist klar durch ein Wandsegment mit offenem Kamin gegliedert.

3 Wohnraum: Durch das große Rundbogenfenster über Eck wurde es nötig, in diesem Bereich das Dach herauszuschneiden.

46

4 Auch das Arbeitszimmer öffnet sich auf eine kleine Terrasse und gewinnt damit etwas Großzügigkeit.

5 Die große Terrasse ist vom Wohnraum aus zu betreten: Sie ersetzt die fehlende Freifläche auf dem Grundstück, dient aber auch im Sinne des Brandschutzes als zweiter Rettungsweg; die Feuerwehr kann sie mit ihrer Leiter erreichen.

6 Das Jugendstilhaus aus dem Jahr 1905, heute: Das Rundbogenfenster nimmt, hier nicht sichtbare, runde Elemente der Fassade auf.

7 Das Balkenwerk unterbricht zwar mehr oder minder zufällig den Raum: doch wird es selbstverständliches Element der Raumwirkung.

8 Das Gästebad, Gäste-WC im Eingangsbereich. Ursprünglich war es mit Wanne geplant.

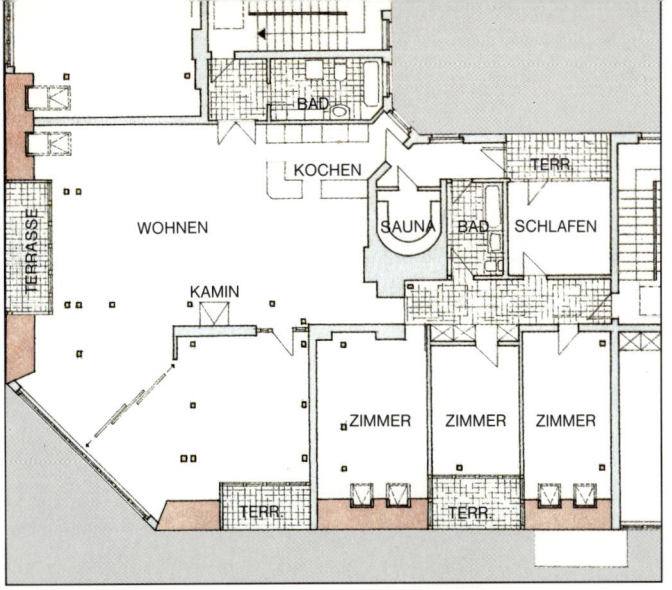

wird in Zusammenarbeit mit dem planenden Architekten die nötigen Verstärkungen der Deckenbalken und Dachkonstruktion festlegen. So geschah es auch hier.

Wo die Stiele der Dachkonstruktion, von denen viele sichtbar blieben, den Deckenbalken aufsitzen,

9

wurde die Decke mit stählernen U-Profilen verstärkt. Da dadurch das Fußbodenniveau natürlich angehoben wurde, mußte man auch bei den unverstärkten Deckenbalken Maßnahmen zur An-

10

9 Das Hauptbad im Schlafbereich: hell wie die Wohnung durch Marmorfliesen; Belichtung und Belüftung über Dach.

10 Hier wird deutlich, wie die weiße Farbe entmaterialisiert, die Konstruktion farblich zurückdrängt. Abgesehen davon, daß man die Hölzer aus Brandschutzgründen mit Feuerschutzplatten verkleiden mußte: Stellen Sie sich einmal diese Konstruktion im Holzton vor: sie wäre von lastender Rustikalität.

Fotos: Rolf Peter Reichel, 96271 Grub am Forst.

hebung treffen: dazu befestigte man auf jeder Seite der Deckenbalken eine Bohle: so ergab sich wieder eine einheitliche Höhe.

Je nach Raumnutzung gab es zwei Fußbodenaufbauten: in den Wohnräumen, wo zwei übereinander verlegte Preßspanplatten die Fußbodenkonstruktion nach oben abschlossen (auf sie kam Bodenbelag), füllte man den Raum zwischen den Balken wieder mit der alten Schlacke, die man vor den Arbeiten entfernt hatte: und erhielt so eine bessere Schalldämmung. Anders in den Naßräumen. Dort wurde ein 6 cm starker, bewehrter Zementestrich eingezogen und der Hohlraum darunter, zwischen jeweils zwei Deckenbalken, mit Wärmedämmung verfüllt: um einen Trommeleffekt auszuschließen. Die Pfetten des Daches, also die parallel zum Dachfirst verlaufenden

Holzbalken, wurden ebenfalls durch Stahlträger verstärkt: das ermöglichte, störende Stiele zu entfernen.

Um für die Dachdämmung 140 mm dicke Wärmedämmkeile verwenden zu können, wurden die Sparren durch Bohlen, die man an beiden Seiten befestigte und die nach innen überstehen, in der Tiefe vergrößert: so daß auch noch die Hinterlüftung gewährleistet ist. Zum Raum hin, unter den Sparren, liegt eine Dampfsperre; den Abschluß bilden Gipskartonplatten in Feuerschutzqualität.

Als Innenwände dienen Leichtbaukonstruktionen, entweder aus Metall- oder Holzständern. Mit Wärmedämmung, Dampfsperre und Gipskartonplatten. Als Wohnungstrennwände sind 24er Ziegelwände eingesetzt, oder 4fach beplankte Doppelständerwände.

Die Dachgeschoßwohnung wurde zusammen mit zwei anderen Dachwohnungen im Rahmen der Gesamtsanierung des Hauses ausgebaut. Die Kosten pro Quadratmeter Wohnfläche beliefen sich auf 2330 DM.

Eine großstädtische Dachgeschoßwohnung in einem Jugendstilhaus aus dem Jahre 1905: ein überzeugendes Beispiel für die gestalterische Freiheit, die der Raum unterm Dach bietet.

Daten
☐ **Modernisierung: 1989**
☐ **Bauherr: GbR., Fredericiastraße 10 C/11**
☐ **Technische und wirtschaftliche Betreuung: Wohnwert GmbH**
☐ **Planung und Bauleitung: Architektenbüro Feige + Döring, Fregestraße 67, 12159 Berlin, Telefon (030) 8526066**

VIEL PLATZ UNTERM DACH
FÜR *individuelles* WOHNEN

Wohnen, wie man möchte, nach eigenen Vorstellungen, wie sie sich im Laufe der Zeit aus Ein-
drücken und Erfahrungen herangebildet haben:
Dieses Ziel sehen heute viele als selbstverständlich
an. Der Raum unterm Dach kommt solchen Zielen
entgegen. Hier ein Beispiel dafür.

1 Die Fassade des 1878 gebauten Hauses ist unverwechselbar. Hinter dem obersten Gesims erstreckt sich die Terrasse der Dachgeschoßwohnung über die gesamte Hausbreite.

2 Das Besondere der Fassade: Terrakotten der Renaissancezeit wurden als Schmuckelemente eingesetzt. Sie entstammen einem abgebrochenen Haus des 16. Jahrhunderts.

3 Das Dachgeschoß, von der Rückseite her gesehen. Links die Fenster des Wintergartens, rechts die des Eßbereichs.

51

1 Wohnbereich mit Galerie. Blick durch den Flur in den Eßbereich. Glastüren sorgen für Großzügigkeit.

2 Eßbereich und Küchenbereich, vom Wintergarten aus gesehen.

3 Dieser Blick, vom Eßbereich in den Wintergarten, macht deutlich, worum es den Bewohnern beim Abbruch der Trennwand ging: um Großzügigkeit und Wohnqualität.

4 Im Wohnbereich. Rechts die Treppe empor zur Terrasse. Im Hintergrund die Treppe auf die Galerie, durch die der Raum eine völlig andere Qualität gewinnt.

5 Dieser Blick bietet sich vom Wohnbereich auf die Terrasse, die sich über die gesamte Hausbreite erstreckt.

6 Die behagliche Galerie, von der aus man in den Wohnbereich hinabblickt und zur Terrasse.

VIEL PLATZ UNTERM DACH
FÜR *individuelles* WOHNEN

Fangen wir mit der Darstellung individuellen Wohnens dort an, wo es für die Bewohner dieser Dachgeschoßwohnung tatsächlich begann: beim Haus. Sie wollten nicht in einem beliebigen Dutzendbau wohnen, sondern in einem Haus, das auch von sich aus Individualität zeigt. Sie fanden es ganz einfach über die Annonce eines Maklers, und es lag in einem der ausgeprägtesten Viertel der Lübecker Innenstadt, dem Dom-Viertel am Mühlenteich. Zwar war das Haus erst im Jahre 1878 erbaut, und das ist für Lübeck ein spätes Datum, doch zeigte es eine Besonderheit: Der Bauherr hatte zur Dekoration seines Neubaus Terrakotten verwandt, die aus einem abgebrochenen Bau des 16. Jahrhunderts, also aus der Renaissance, stammten. Ein Fassadenschmuck, der nicht nur in der lübischen Tradition steht. Die Terrakottaplatten, die Köpfe von Kaisern und Frauen, Fürsten und Fürstinnen zeigen, bestehen aus hartgebranntem Ton, von rötlicher Färbung, und sind 6 bis 9 cm dick. Kein alltägliches Haus also.

Aber das Dachgeschoß, teils als kleine Wohnung genutzt, größtenteils aber als Speicherraum, war in einem schlimmen Zustand. Sollte man sich als Bauherr eine solche Last aufbürden? Sollten das Aussehen des Hauses und seine Lage so gewichtige Gründe für den Kauf sein, daß der Zustand des Dachgeschosses darüber zu vernachlässigen war? Sicher nicht. Aber ebenso sicher ist es, daß der Bauherr als Laie überfordert ist, soll er Gründe und Gegengründe gegeneinander abwägen. Das vermag nur der Fachmann, der Architekt.

Zwei Tage nach der ersten Besichtigung war der Kaufvertrag unterschrieben. Denn die bautechnischen und bauphysikalischen Probleme, so das Urteil des Architekten, waren durchaus zu lösen. Doch als Plus schlug von vornherein zu Buche, daß das Haus bereits in Wohneigentum aufgeteilt war und sich im Dachgeschoß bereits eine Wohnung befand: Also keine neuen Wohneinheiten geschaffen wurden, keine sogenannte Abgeschlossenheitsbe-

Architekt Rüdiger Protsch:

„In einem Dachgeschoß, das man zu Wohnraum ausbaut, wird eine ganz besondere Atmosphäre von Behaglichkeit und Geborgenheit geschaffen. Ruhiges Wohnen mitten in der Stadt wird dadurch vielfach möglich. Die individuellen Wünsche des Bauherrn in den vorhandenen Dachstuhl umzusetzen, kann zu außergewöhnlichen Lösungen führen, die ebenso überraschen wie befriedigen."

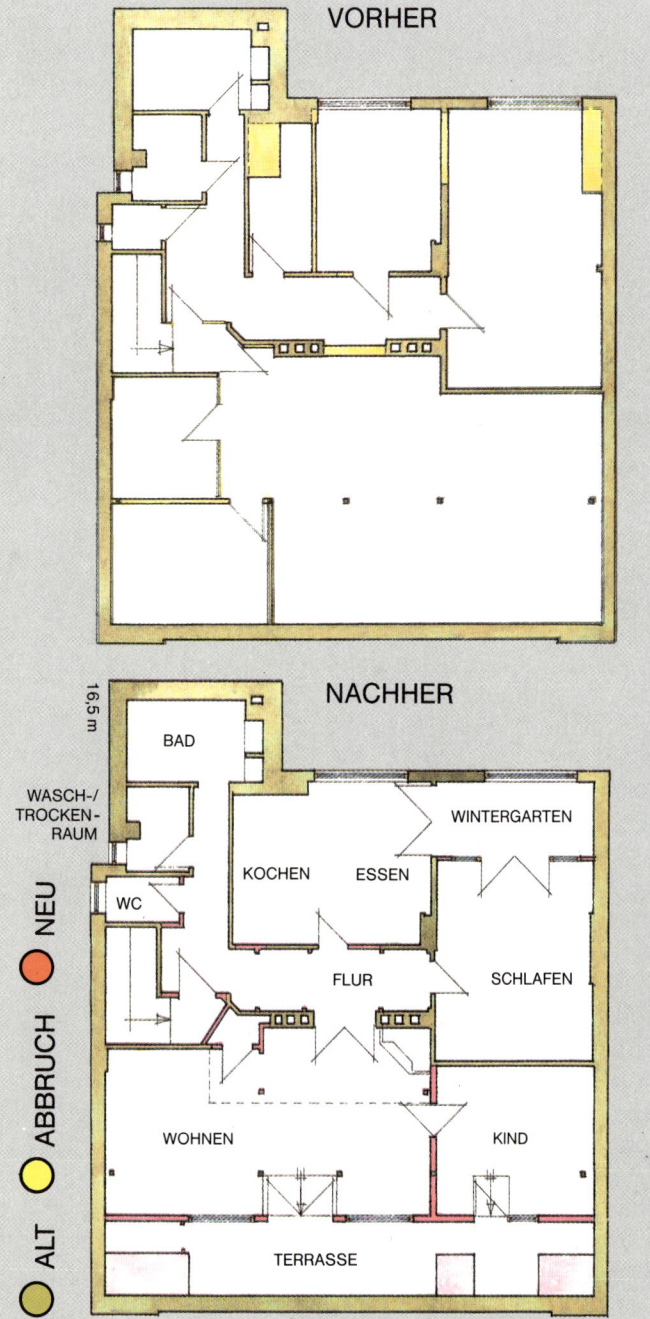

VIEL PLATZ UNTERM DACH
FÜR *individuelles* WOHNEN

scheinigung beantragt werden mußte mit den daran geknüpften Forderungen an Brandschutz, Schallschutz und Stellplätze.

Die Käufer der Wohnung hatten klare Vorstellungen, die auch, was heute häufig vernachlässigt wird, die Zukunft mit einbezogen: Die Dachwohnung sollte so attraktiv gestaltet werden, daß man sie später gut verkaufen kann. Gleichzeitig aber so, daß sie den derzeitigen Bewohnerbedürfnissen entspricht. Auf die Planung bezogen: Man hätte ohne weiteres den Dachstuhl anders ausbauen können, mehr Zimmer unterbringen, zwei Wohnungen daraus machen können, z. B. das Wohnzimmer unterteilen und ein weiteres Zimmer einbauen können. Doch dies eben hätte den derzeitigen Bedürfnissen der Bewohner widersprochen: Also unterließ man es, versperrte sich aber für später nicht die Möglichkeit, einen solchen Ausbau doch noch zu realisieren. Immerhin hat die Wohnung 190 Quadratmeter.

Dachgeschoßwohnungen gewinnen an Wohnqualität durch eine Terrasse. Hier war eine Terrasse zum Wasser hin gewünscht, zumal es sich um die Südost-Seite handelte. Doch da machte die Baubehörde nicht mit. Das Dach müsse in der ursprünglichen Form erhalten bleiben. Zustande kam dann, wie so oft, ein Kompromiß: Eine Loggia, besser: ein Wintergarten mit einer Verglasung, die der Dachform folgte. Das Dach des Wintergartens besteht

aus Plexiglas-Platten; sie lassen die ultraviolette Strahlung der Sonne durch, verwehren aber den Einblick von außen. Da andererseits dem Wohnzimmer eine Terrasse, also eine Freifläche zugeordnet werden konnte, erfüllt die Dachwohnung zwei individuelle Wünsche auf einmal: Für die kühlere Jahreszeit bietet sie einen Wintergarten, für die Sommertage eine Terrasse.

Zu den individuellen Wünschen zählte auch die Großzügigkeit des Wohnbereichs, wie sie durch eine Galerie zu erzielen war. Wie schon bei der Terrasse, wo ein Stahlträger eingezogen werden mußte, waren auch hier Veränderungen der Dachkonstruktion nötig, um die Dachlast abzufangen. Denn die durchgehenden Kehlbalken, also die waagrecht verlaufenden Balken, die gegenüberliegende Sparren miteinander verbinden, hätten die Höhe der Galerie zu sehr verringert. Bei allen diesen Aufgaben war der Statiker gefordert. Er war auch nötig, um sich einen viel einfacheren Wunsch zu erfüllen: Um den Eßbereich zu vergrößern, sollte eine optische Verbindung zum Wintergarten geschaffen werden. Dazu war Abbruch einer Wand nötig. Doch darin verbarg sich ein sogenannter Sprengbock, der Dach und Gebäude gegen Verschiebungen sicherte. Auch hier mußte das Dach also abgefangen werden.

Die Deckenbalken des Fußbodens dagegen, die bei vielen Dachausbauten we-

---

VORHER

NACHHER

16,5 m

BAD

WASCH-/TROCKEN-RAUM

WINTERGARTEN

KOCHEN   ESSEN

WC

FLUR   SCHLAFEN

WOHNEN   KIND

TERRASSE

14,5 m

● ALT   ● ABBRUCH   ● NEU
(ALT gelb, ABBRUCH rot, NEU orange)

gen der erhöhten Lasten verstärkt werden müssen, entsprachen statisch den Anforderungen. Die Füllung zwischen den Deckenbalken, meist Schotter, wurde, wo nötig, durch geglühten Sand ergänzt, der alte Dielenboden wiederhergestellt und darüber, auf zwei Lagen Trittschalldämmung, ein bewehrter Zementestrich aufgebracht, 45 bis 50 mm dick, auf der Terrasse, wegen des Gefälles, bis zu 80 mm. Als Oberbelag dienen im Wohnbereich Teppichboden, in Bad und WC Marmorfliesen und im Küchenbereich Granitfliesen, die dem Naturstein ähneln, gut aussehen, pflegeleicht und stabil sind. Die Fliesen wurden verklebt.

Zu den individuellen Vorstellungen gehörte auch der Wunsch nach viel Licht und Luft: Im Wohnzimmer ist die Glasfront zur Terrasse fast vollständig zu öffnen, im Kinderzimmer sind es die beiden Terrassentüren; auch das Schlafzimmer ist zum Wintergarten hin verglast und zu öffnen.

Deutlich macht dieser Ausbau, wie sehr die Kosten schwanken können: Je nach dem vorgefundenen Zustand, nach notwendigen statischen Maßnahmen an Fußboden und Dachkonstruktion und je nach Anspruch an die Ausbauten und ihre Materialien. Da in allen diesen Punkten eine weite Spanne gegeben ist, kann der Bauherr mehr als bei vielen anderen Baumaßnahmen die Kosten beeinflussen. Hier beliefen sie sich pro Quadratmeter auf ca. 2200 DM. Dieser günstige Preis kommt nicht zuletzt deshalb zustande, weil die Gesamtwohnfläche überdurchschnittlich groß ist, so daß kostspieligere Maßnahmen, wie zum Beispiel Abfangungen, pro qm weniger zu Buche schlagen.

Produkte & Daten

☐ Fliesen: Wandfliesen: Cumulus: Villeroy & Boch KG, Postfach 10120, 66693 Mettlach, Tel. (06864) 811
Bodenfliesen: Granitfliesen: Gemini Z4250, Sphinx GmbH, Friedrich-Ebert-Straße 87, 58455 Witten-Annen, Tel. (02302) 801981
☐ Sanitärobjekte: Waschbecken und WC: Opera: Villeroy & Boch KG, Postfach 10120, 66693 Mettlach, Tel. (06864) 811
☐ Einbauküche: SieMatic Möbelwerke, Postfach 1550, 32584 Löhne, Tel. (05732) 670
☐ Planung und Bauleitung: Ingenieurbüro für Altbausanierung, Rüdiger Protsch, Dipl.-Ing. Architekt, Große Kiesau 28, 23552 Lübeck, Tel. (0451) 704858

Das Haus ist in den 50er Jahren gebaut worden. Die Bezeichnungen „Futterküche" und „Stall" weisen es als eine der Kleinsiedlerstellen aus, wie sie damals üblich waren. Das Dachgeschoß diente schon seit Jahren als Wohnung, der Spitzboden, der über eine Scherentreppe zu erreichen war, als Hobbyraum. Doch verständlicherweise fühlten die jungen Bewohner sich sehr beengt. Der Gedanke, umzubauen, auszubauen, anzubauen und den Spitzboden mitzubenutzen tauchte auf. Nur: ein Nullachtfünfzehn-Ausbau sollte es nicht sein.

SONNEN-RAUM UNTERM DACH

1 Das Siedlungshaus aus den 50er Jahren heute: Die obere Wohnung umfaßt zwei Etagen: Dachgeschoß und Spitzboden. Rechts der neue Erker mit der zur Terrasse hin vorstoßenden Holzkonstruktion, die den Wohnraum vergrößert.

2 Die Straßenseite des Hauses: unverändert bis auf das als Vordach heruntergezogene Dach, das ausdrücklicher Wunsch des Bauherrn war.

3 Blick durch den Wohnbereich auf die Terrasse. Unter den Fußbodenplatten wurde Fußbodenheizung verlegt.

Der große lichtdurchflutete Wohnbereich der Dachgeschoßwohnung:
Hier ist die Großzügigkeit spürbar, die
der Bauherr heute an seiner Wohnung
schätzt.

1 Detail der Holzkonstruktion, die den Wohnraum so wirkungsvoll optisch vergrößert. Holz als Material war vom Bauherrn gewünscht.

2 Der neue Erker mit der Holzkonstruktion, die den Wohnraum vergrößert, und der Terrasse. Das Blau ist ein Vorschlag des Architekten.

3 Im Spitzboden: Blick von der Treppe zum Fenster im Erker. Bestimmende Raumwirkung durch das helle Profilholz.

4 Das Bad. Das Prinzip der wenigen, durchgehenden Materialien ist auch hier eingehalten: Holz und Keramik.

Der Zustand des Siedlungshauses ließ zu wünschen übrig: Die ungedämmten Dachschrägen machten die Winter zur Last. Der Fußboden aus Nut-und-Federdielen, teils mit Teppichboden, teils mit PVC abgedeckt, die kleinen Räume, denen es an Helligkeit fehlte: alle diese Mängel minderten beträchtlich den Wohnwert.

Die Wünsche des jungen Bauherren-Ehepaares gingen auf eine komplette, funktionstüchtige Wohnung, mit viel Licht, sehr viel Licht, und mit Blick hinab in den Garten. (Diese Wünsche zur Zufriedenheit des Bauherrn unter einen Hut zu bringen, braucht es den Fachmann, den Architekten. Anders werden zuviele Chancen vertan.)

Wie also wurden diese Bauherren-Wünsche durch den Architekten erfüllt? Er schlug vor, einen Teil des Daches am angebauten Stallgebäude abzuschneiden, um Platz für eine Terrasse zu gewinnen. Ferner: An diese Terrasse eine Holzskelett-Konstruktion anzufügen, die zum Teil dem Wohnraum zugeschlagen wurde, zum anderen Teil aber als Balkon dient. Damit war der Wunsch nach Helligkeit auf einfallsreiche Weise erfüllt. Im übrigen waren im Inne-

1 Die Treppe vom Dachgeschoß in den Spitzboden. Holz und Keramik als Materialien bestimmen auch hier das Bild und prägen es.

2 Der Erker hat auch die Aufgabe, den Spitzboden zu belichten.

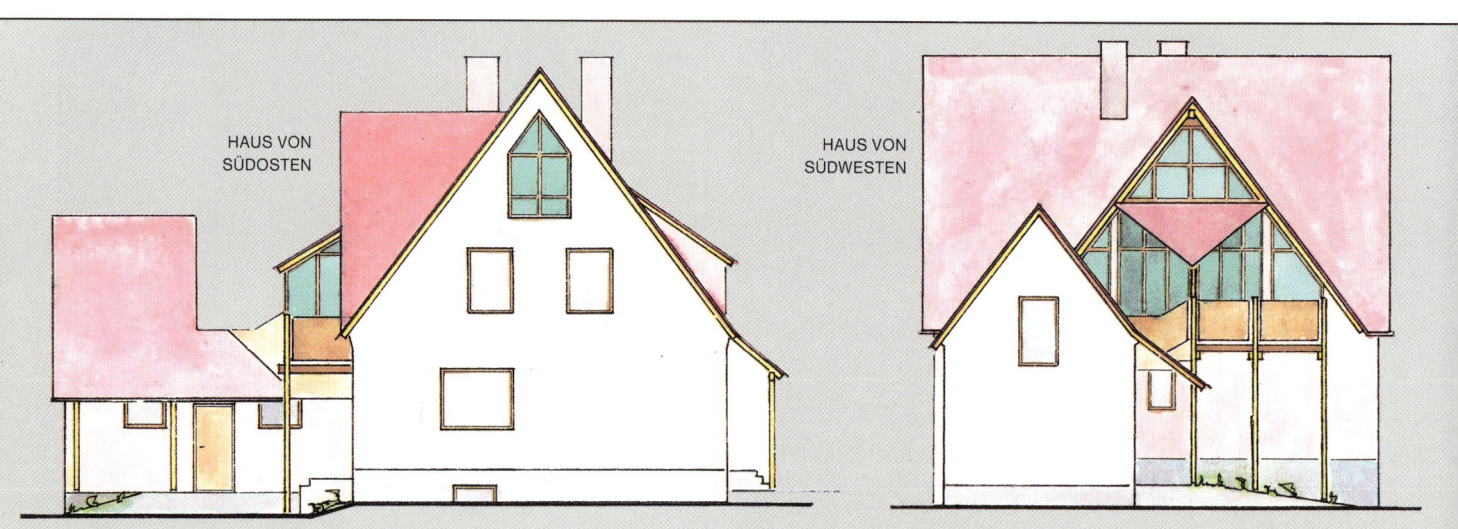

HAUS VON
SÜDOSTEN

HAUS VON
SÜDWESTEN

SONNEN-RAUM UNTERM DACH

ren Wände zu entfernen, Türöffnungen zu schließen, mußte die Kehlbalkenlage verstärkt werden, die den Fußboden des Spitzbodens trägt. Das erforderte, daß man auch die Mittelpfetten verstärken mußte, jene parallel zum First verlaufenden Balken: Anders hätte man keine Genehmigung für den Ausbau des Spitzbodens bekommen. Sparren mußten ausgewechselt werden, um eine Gaube einzuziehen, und auch für die Treppe waren Veränderungen an der Dachkonstruktion nötig. Auch hier war die Erfahrung des Fachmanns nötig, um die Termine der Handwerker abzustimmen: Des Dachdeckers, des Zimmerers und Maurers, der beizuarbeiten hatte. Dabei war noch zu berücksichtigen, daß das Erdgeschoß nach wie vor bewohnt wurde.

Der Fußboden des Dachgeschosses wurde neu aufgebaut: Mit schwimmendem Estrich und untergelegter Trittschalldämmung. Zusätzlich ist im Wohnbereich, neben dem Balkon, eine Wärmedämmung eingebracht worden. Dieser Fußbodenaufbau bot auch den Vorteil, darin, nämlich im Bereich der Trittschalldämmung, die Heizungsleitungen und die Elektro-Leerrohre unterzubringen, so

daß keinerlei Leitungen mehr sichtbar sind. Als Wärmedämmung des Daches wurde ein Klemmfilz aus Mineralfaser eingesetzt, 140 mm dick, der anschließend raumseitig mit einer Folie überdeckt wurde, um ausreichende Dampf- und Winddichtigkeit zu erreichen.

Die Wände im bisher unaufgeteilten Spitzboden sind als Leichtbauwände ausgeführt. Diese Arbeiten, also Wärmedämmung und Leichtbauwände, hat der Bauherr selbst ausgeführt, unter Anleitung des Architekten. Die wenigen zu ergänzenden Wände im Dachgeschoß selbst wurden mit Ziegeln hochgemauert. Alle Mauerwerkswände sind anschließend verputzt und tapeziert worden.

Die vorhandenen Giebelfenster sind geblieben. Doch wurde in beide Giebel im Spitzbodenbereich jeweils ein zusätzliches Fenster gebrochen. Auch das Gaubenfenster im Bad wurde erhalten.

Rund 94 qm Wohnfläche bietet diese Dachgeschoßwohnung heute, nach dem

Ausbau: 28 qm davon im Spitzboden. Der Bauherr selbst schätzt dreierlei an seiner neuen Dachgeschoßwohnung: Einmal die Großzügigkeit, dann die Öffnung der Wohnung im Dachgeschoß auf

eine Terrasse. Und schließlich die interessante Belichtung des Wohnraums durch die Holzkonstruktion des Erkers, der auch gleichzeitig einen Durchblick in den Spitzboden erlaubt.

Bauherrenwünsche mit den vorhandenen Raumverhältnissen in Einklang zu bringen, ist stets eine Aufgabe, die Erfahrung erfordert. Hier ist nicht nur eine akzeptable ästhetische Lösung gelungen. Hier wurde auch eine sehr gute Wirkung für den Grundriß erzielt, obwohl es sich um einen be-

hutsamen, einfachen Eingriff handelte.

Übrigens hatte hier der Architekt noch eine weitere Aufgabe zu erfüllen: Er konnte durch seine neutrale Stellung der jungen Bauherren-Familie die Argumentation gegenüber den elterlichen Hauseigentümern erleichtern, die sonst vielleicht im Vorfeld generationsbedingter Unterschiede in den Auffassungen steckengeblieben wäre.

Wobei durchaus zu verstehen ist, daß sich ältere Menschen, noch dazu, wenn sie das Haus selbst gebaut haben, mit Veränderungen schwer tun.

So sah das in den 50er Jahren gebaute Siedlungshaus vor der Sanierung aus.

Fotos:
Friedhelm Thomas,
47804 Krefeld

Planung und Bauleitung: H. Flotho, Architekt Dipl.-Ing., Innenarchitekt Ing. (grad.), An den Fischteichen, 34439 Willebadessen, Telefon (05646) 478

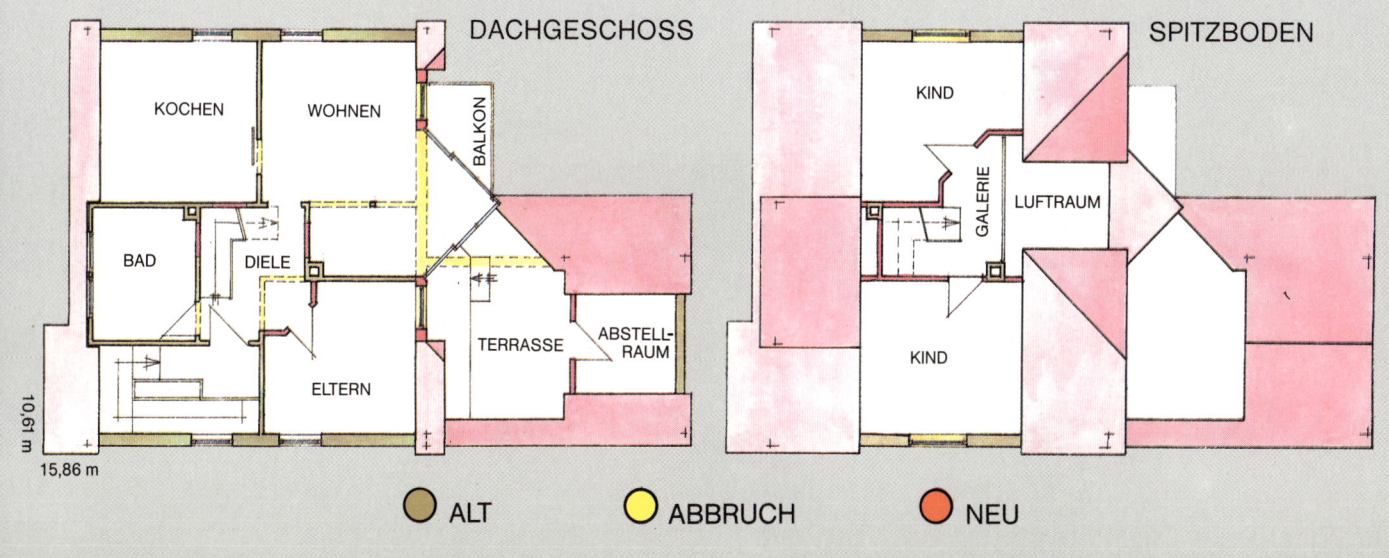

DACHGESCHOSS — KOCHEN — WOHNEN — BALKON — BAD — DIELE — TERRASSE — ABSTELL-RAUM — ELTERN — 10,61 m — 15,86 m

SPITZBODEN — KIND — GALERIE — LUFTRAUM — KIND

⬤ ALT ⬤ ABBRUCH ⬤ NEU

2 GESCHOSSIG UNTERM DACH

Ein Dachgeschoß erfolgreich ausbauen heißt: sich bis
ins kleinste Detail hinein mit den vorgefundenen Gegebenheiten
auseinanderzusetzen und auch zu unüblichen Lösungen
bereit zu sein, wenn die Situation es erfordert. Freilich: Fachwissen
und Phantasie gehören dazu.

1

2

3

4

5

1 Blick vom Wohnbereich über den Eßbereich auf die Terrasse. Die Stahltreppe in den Spitzboden entspricht der kühlen Sachlichkeit, die statt Rustikalität gewünscht war.

2 Im Wohnbereich des Eingangsgeschosses. Gauben und Dachflächenfenster spenden Licht. Die Trennwand zum Treppenhaus ist als Galerie genutzt.

3 Blick aus der Nähe des Eingangs auf Eßplatz und Küche. Links hinter dem Spiegel befindet sich einer der Schornsteine, die nicht entfernt werden durften: als Raumteiler genutzt.

4 Blick vom Wohnbereich auf die Küche und in den Spitzboden, der immerhin 48 qm groß ist.

5 Hier, im Spitzboden, sind auch die Dachschrägen genutzt: Links ein Arbeitsplatz, dahinter die Ankleide mit viel Schrankraum.

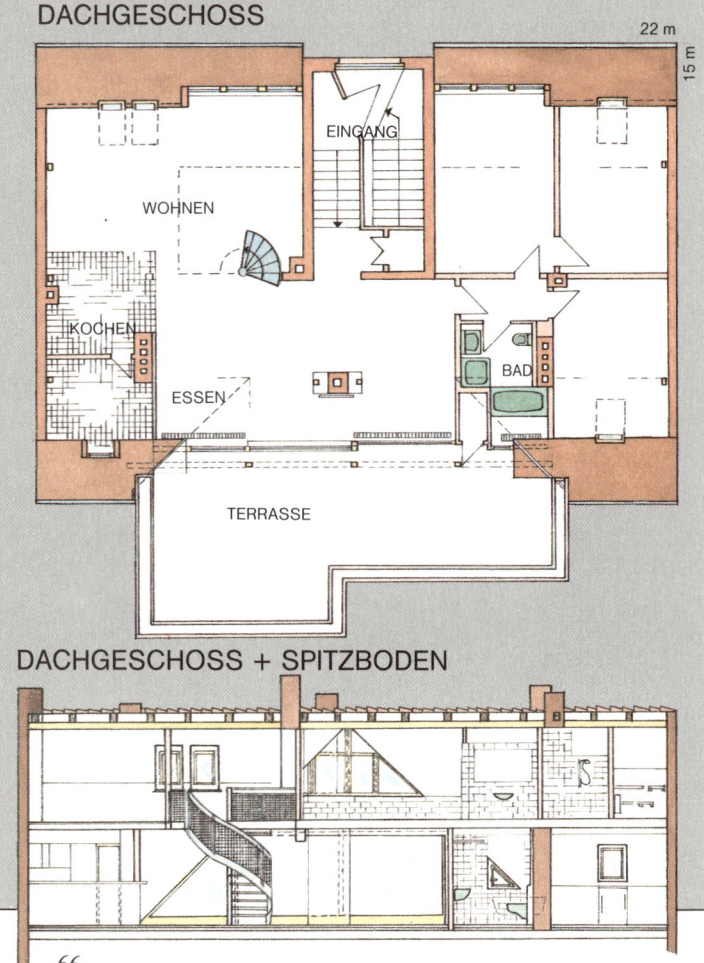

Das ursprüngliche Dach und das Dach nach der Entfernung der Dachfläche, um Platz für die Terrasse zu schaffen.

SPITZBODEN

SCHRANKRAUM

SCHLAFEN

WÄSCH-TISCH

DU/WC

SAUNA

BAD

DACHGESCHOSS

22 m

15 m

EINGANG

WOHNEN

KOCHEN

ESSEN

BAD

TERRASSE

DACHGESCHOSS + SPITZBODEN

2 GESCHOSSIG UNTERM DACH

Wohnen unterm Dach ist längst eine eigenständige Wohnform von architektonischem Anspruch, die auf vielerlei Art realisiert werden kann.

Hier reizte es einen jungen Architekten, seine eigenen Vorstellungen über das Wohnen unterm Dach umzusetzen: Er wünschte sich eine offene Lösung mit fließenden Raumübergängen statt Fluren. Größtmögliche Transparenz und Helligkeit verstanden sich von selbst, und die Atmosphäre sollte kühl und sachlich sein.

Der junge Architekt fand ein geeignetes, ausreichend großes Dachgeschoß in einem Jugendstilhaus aus dem Jahre 1907 im Ringgebiet einer norddeutschen Großstadt, das vorher nie als Wohnraum genutzt worden war. Baulich befand es sich in gutem Zustand, und gestalterisch mußten außer dem Treppenhaus lediglich sieben (!) Schornsteine integriert werden.

Mit nur wenig Aufwand ließ sich das Dach für eine Terrasse öffnen. Terrassen sind bei Dachausbauten eigentlich selbstverständlich, aber formal auch problematisch: Je nach Neigung der vorhandenen Konstruktion kommen meist nur schlauchartige Einschnitte zustande, die den Bewohnern nicht viel bieten und die sich katastrophal auf die Dachlandschaften unserer Städte auswirken. Hier jedoch konnte aus dem vollen geschöpft werden: Durch vollständiges Öffnen ab einer tragenden (Pfetten-) Achse entstand eine sehr großzügige und zugleich konstruktiv simple Lösung. Ohne das Heraustrennen der den Raum einschränkenden Dachschräge wären anstelle der fast 50 qm Terrassenfläche nicht einmal 15 qm Wohnfläche zu erzielen gewesen.

Zurück zur vorhandenen Konstruktion: Wie oft bei Dächern aus der Zeit um die Jahrhundertwende waren zwar alle Dachsparren und Deckenbalken ausreichend

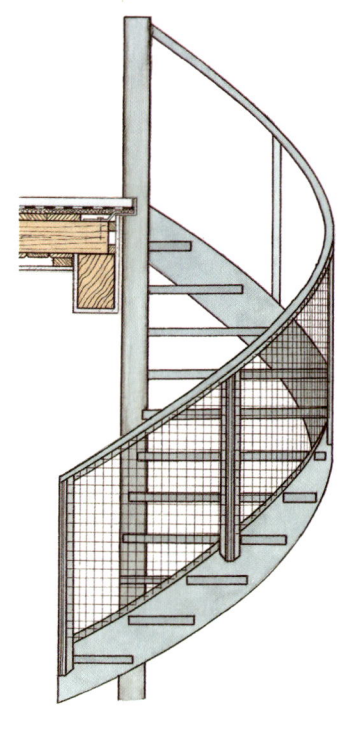

Treppendetail: Der Unterzug ist verkleidet mit Gipskartonplatten. Vorhandene Holzschalung, vorhandene Dielen. Darüber Trittschalldämmung, Sperrschicht und 3 cm Zementestrich. Als Oberbelag Teppichboden.

dimensioniert, jedoch die meisten Pfetten und Unterzüge überlastet. Darüber hinaus entdeckte man auch hier, daß die Dachkonstruktion teilweise im Leeren stand: Sie ruhte nicht auf tragfähigen Wänden im Geschoß darunter, und die Stützen standen nicht in den erforderlichen Symmetrieachsen. Da jeder Dachgeschoßausbau zusätzliche Lasten mit sich bringt, war hier die Decke zu verstärken. Zwei der Stützen des Randträgers, der auf der Terrassenseite stehenblieb, wurden versetzt; zwei je 6 m lange Stahlprofile fangen die Stützlasten ab. Zusätzlich sind alle Deckenbalken der Terrasse mit Anschlußeisen an den Trägern abgehängt. Die Träger selbst, die ausreichend weit innerhalb der Dämmschicht des Terrassenbodens liegen, um Kältebrücken zu vermeiden, leiten die Lasten in drei tragende Wandachsen des darunterliegenden Geschosses ab.

Im Wohnbereich, wo aus gestalterischen Gründen eine Stütze weichen mußte, wurden zwei Unterzugachsen mit U-Profilen verstärkt. Alle übrigen Verstärkungen bestanden aus Holzprofilen, die seitlich oder unterseitig befestigt wurden.

Weitere wichtige Maßnahmen des Dachausbaus:

Fußboden: Man verlegte Trittschall-Dämmatten aus Hartschaum und zog einen Zementestrich ein. Die leichte Schwingung der Holzbalkendecke verminderte sich dadurch. Außerdem konnten so problemlos auch Marmorplatten verlegt werden. Dieses relativ weiche Material kann grundsätzlich nicht auf Holzunterböden zur Anwendung kommen.

Heizungsinstallation: Die Kombi-Therme der Gas-Etagenheizung ist im Spitzboden installiert. Sie liefert auch Warmwasser. Nach unten führen zwei Installationsschächte.

Übrigens erwiesen sich die Heizkosten als ungewöhnlich niedrig: Die Verluste durch die großen Glasflächen werden mehr als wettgemacht durch die passive Nutzung der Sonnenenergie. Überhaupt ist der Ausbau von Dachgeschossen eine der wirtschaftlichsten Wohnformen. Dies betrifft sowohl die laufenden als auch die Herstellungskosten.

Das hier gezeigte Dachgeschoß bietet eine Wohnfläche von 124 qm, mit dem 48 qm großen Spitzboden insgesamt 172 qm. Die Dachterrasse umfaßt 48 qm. Rechnet man die Terrasse nach DIN zur Hälfte, ergibt sich eine Gesamtwohnfläche von 196 qm. Am Rande der City! Legt man die reinen Modernisierungskosten auf diese Wohnfläche um, dann errechnet sich ein Quadratmeterpreis von nicht einmal 800 DM. Natürlich ohne Nebenkosten und Architektenregie. Und günstig lag auch der Kaufpreis einschließlich gedecktes Dach, sanierte Fassade, Stellplatz und Baugenehmigung, nämlich bei 60 000 DM.

Wie günstig diese Preise sind, bestätigt jeder Blick in den Immobilienteil einer Zeitung.

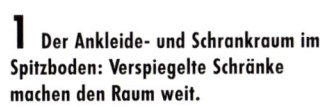

1 Der Ankleide- und Schrankraum im Spitzboden: Verspiegelte Schränke machen den Raum weit.

2 Im Spitzboden: Ein Waschplatz unter der Schräge im Durchgang vom Schlafraum zu WC und Sauna.

3 Der Schlafraum im Spitzboden: Ein marmorgefliestes Wannenpodest unter feststehender Verglasung.

Fotos: Friedhelm Thomas, 47804 Krefeld

Planung und Bauleitung: Arbeitsgruppe Altstadt, Architekten & Ingenieure, Altstadtmarkt 8, 38100 Braunschweig, Telefon (0531) 45043.

Ein Dach-geschoß in der City

Die Familie Dami wollte in die Innenstadt ziehen, weil sich die langen Anfahrtswege von außerhalb als zu zeitraubend erwiesen. Daß Herr D. sich entschlossen hatte, gerade dieses Dachgeschoß zu kaufen, lag an dem Blick, den er bei der ersten Besichtigung durch das kleine Dachfenster warf: In weitem Bogen dehnte sich vor, unter ihm die große Stadt.

1 Blick vom Wohnraum zum Schlafbereich. Darüber die Galerie, die teilweise als Abstellraum dient und zur Großzügigkeit beiträgt.

2 Das um die Jahrhundertwende gebaute Haus. Links die Gaube, Voraussetzung für den großzügigen Eingangsbereich.

3 Der Eingangsbereich. Ursprünglich wollte die Bauaufsicht nur eine Wendeltreppe genehmigen. Mit der „blinden" Tür links soll die Großzügigkeit noch unterstrichen werden.

4 Wer die Wohnung betritt, dem bietet sich dieser Blick über den Wohnbereich zum Wintergarten.

5 Eßbereich, ein behaglicher Mittelpunkt, mit Blick zum Wintergarten. Die hier gewünschte Gaube wurde nicht genehmigt.

Der Bauherr und seine Familie: *„Unser Dachgeschoß bietet uns eine Atmosphäre, wie wir sie in keiner Etage sonst finden würden. Außerdem hat man hier niemand über sich. Und manchmal fällt mir auch die Mansarde ein, in der ich im Elternhaus gewohnt habe: dort habe ich mich sehr, sehr wohlgefühlt."*

Produkte & Daten

☐ Küche: Alno-Möbelwerke GmbH & Co. KG, Postfach 1160, 88630 Pfullendorf, Tel. (07552) 210

☐ Dachflächenfenster: Roto Frank AG, Postfach 100158, 70771 Leinfelden-Echterdingen, Tel. (0711) 75980

☐ Wintergarten: Neckar-Fenster GmbH, Hauptstätter Straße 154, 70178 Stuttgart, Tel. (0711) 6402081

☐ Wintergartenbelüftung: Lüftomatic Gesellschaft für Lüftungs- und Klimatechnik mbH, Postfach 12210, 69198 Schriesheim, Tel. (06203) 6040

1 Die relativ einfache Küche, wirkend durch die Form und den Granitbelag. Vorne rechts Herd und kleine Theke für den schnellen Imbiß. Der Blick fällt von hier durch den Wohnraum zum Wintergarten.

2 Blick vom Ankleidebereich zum Schlafraum. Auf die ursprüngliche Trennung der Räume wurde verzichtet, um Großzügigkeit zu erreichen.

3 Blick vom Schlafraum in den Ankleidebereich. Er wird auch als Ruheraum genutzt.

Ein Dachgeschoß in der City

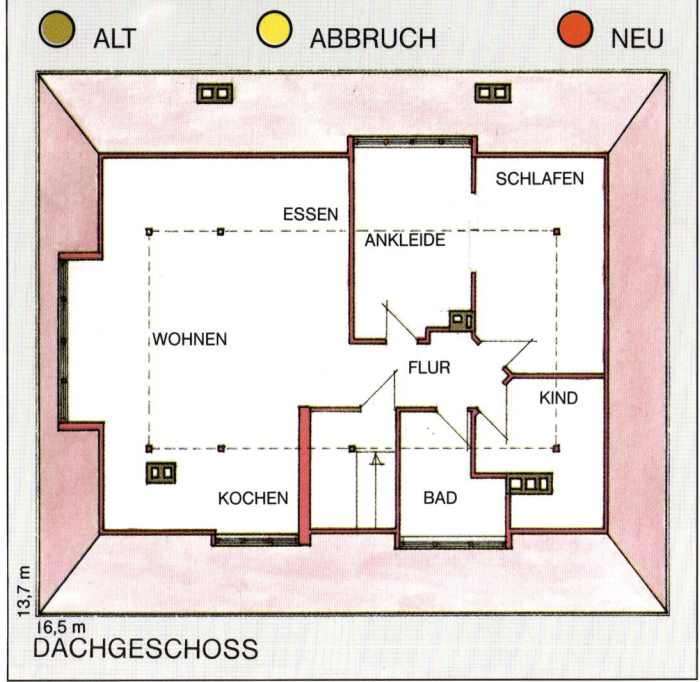

Herr Dami kaufte den Dachstock leer; lediglich einige Bodenkammern waren abgeteilt.

Wie teilt man, wenn man schon die Freiheit weitgehend hat, einen 110 qm großen Dachraum ein? Damit sich möglichst viele Wohnwünsche auch wirklich erfüllen.

Für unsere Bauherren, das zeigte sich schnell, war der Blick über die Stadt Ausgangspunkt für die Grundrißplanung. Und damit ergaben sich, unter dem Einfluß weiterer Vorstellungen und Wünsche, die Raumfolge und Raumzuordnung fast von selbst. Man wünschte einen großzügigen Wohnraum: also teilte man etwa die Hälfte des Geschosses dafür ab, an jener Raumseite, wo durch einen Wintergarten der weite Blick auf die Stadt gestalterisch voll auszuschöpfen war. Hier, in diesem Bereich, aus der Spannung zwischen der Behaglichkeit schräger Wände und dem weiten, bequemen Blick auf die Dächer, ergab sich eine Wohnqualität besonderer Art: ungestörtes Fürsichsein mitten in der großen Stadt.

Herr und Frau D. wollten in der knapp bemessenen Freizeit möglichst viel beieinander sein: Also entschloß man sich zu einer offenen Küche. Sie erlaubt beim Kochen den Blick durch den Wohnraum zum Wintergarten. Die vorhandene Deckenkonstruktion reichte aus, die durch den Einbau entstehenden Lasten zu tragen; lediglich der Trittschallschutz wurde durch schwimmende Verlegung des Fußbodens verbessert. Als Oberbelag wählte man im Wohnraum Holzdielen mit Nut und Feder, in Küche und Bad Granitfliesen im Format 30×30 cm.

Beim Dach, dessen Eindeckung noch intakt war, beschränkte man sich auf nachträgliche Wärmedämmung: Der Dachdecker brachte von innen eine Unterspannbahn zwischen den Sparren an und dämmte mit alukaschierter Mineralwolle. Aus Brandschutzgründen verkleidete man innen mit Feuerschutzplatten, doppelt verlegt; darunter wurde dann die Holzschalung befestigt.

Zu den wichtigsten Problemen beim Ausbau von Dachgeschossen zählt die Belichtung.

Wo und in welcher Größe ist Belichten nötig? Erschwert wird die Entscheidung noch durch die Auflagen der Bauaufsicht: Auch Herr D. mußte deswegen auf einige Wünsche verzichten.

Diese Problematik macht verständlich, daß der Wintergarten nicht nur des Ausblicks wegen, sondern als Lichtbringer hoch willkommen ist. Die Konstruktion besteht aus Eichenholz, innen weiß lackiert, außen vor Bewitterung durch Aluminium geschützt.

Die Verglasung besteht nach oben aus einer Scheibe Sicherheitsglas und zweimal 4 mm starken VSG-Scheiben nach innen. Diese Verglasung wurde auch für den unteren Teil der Wand gewählt. Aus Gründen der Energieeinsparung ist insgesamt Wärmeschutzglas eingesetzt, das niedrige Wärmedurchgangswerte hat.

Beheizt wird das Dachgeschoß durch eine Gas-Etagenheizung, deren Therme in einem Einbauschrank im Flur untergebracht ist; er dient gleichzeitig als Schuhschrank.

Es wird auch hier deutlich, daß der Kauf unausgebauter Dachgeschosse ein günstiger Weg ist, zu Wohneigentum zu kommen. Zumal der Ausbau, sollte er finanziell nicht in einem Zuge zu bewältigen sein, sich gut in mehrere Schritte unterteilen läßt.

Die Familie Dami mußte für dieses Dachgeschoß 74 000 DM zahlen, das ergibt einen Quadratmeterpreis von 672 DM.

Der Ausbau kostete 150 000 DM, der Wintergarten 15 000 DM.

Die Ausbaukosten insgesamt betrugen also 165 000 DM, pro Quadratmeter also, bei 110 qm, 1500 DM. Rechnet man den Kaufpreis von 74 000 DM noch hinzu, so ergibt sich immerhin erst ein Quadratmeterpreis von 2172 DM.

Dabei heißt es immer, Citywohnen wäre teuer. Es muß nicht teuer sein.

ALT   ABBRUCH   NEU

ESSEN
SCHLAFEN
ANKLEIDE
WOHNEN
FLUR
KIND
KOCHEN
BAD

13,7 m
16,5 m
DACHGESCHOSS

Viel
Wohnkomfort
unterm
Dach

In unseren Großstädten, und nicht nur dort, gibt es noch zahllose ungenutzte Dachgeschosse, die sich zu Wohnungen ausbauen lassen. Ohne jede Einbuße an Behaglichkeit, ohne jeden Zwang zu störenden Kompromissen. Hier ein Beispiel aus Berlin.

Viel
Wohnkomfort
unterm
Dach

Die Dachgeschoßflächen in den großen Stadthäusern, wie sie um die Jahrhundertwende aus dem Boden schossen, übersteigen oft die Wohnflächen eines Einfamilienhauses bei weitem. 400, 500 qm sind keine Seltenheit: so daß sich ein solches Dachgeschoß leicht in mehrere Wohnungen aufteilen läßt. Die hier vorgestellte Wohnung hat 129 qm, die Nachbarwohnung gar 216 qm: Spielraum genug für gestalterische Einfälle, deren Reize das Wohnen unterm Dach längst zu einer völlig eigenständigen Wohnform erhoben.

Wie gliedert nicht das sichtbar belassene Holzwerk der Dachkonstruktion die großzügigen Wohnräume! Ohne zu erdrücken, denn die unterm Dach beliebte weiße Farbe nimmt ihm alle Schwere, entmaterialisiert das Holz fast. Nur die vielen unterschiedlichen Grautöne, in die das Weiß des Holzwerks hinüber-

spielt, heben seine Flächen und Kanten, seine Strukturen unaufdringlich hervor. Daß die Balken aus Gründen des Brandschutzes mit Feuerschutzplatten verkleidet sind, läßt auch die rustikale Oberfläche des Holzes verschwinden: Der Weg ist frei, wie unsere Reportage zeigt, zu einer sachlich-kühlen, ja eleganten Raumgestaltung, in die das Holzwerk einen Hauch anmutiger Behaglichkeit bringt.

Terrassen gewinnen inmitten der Stadt, wo Freiflächen meist fehlen, besonders an Bedeutung: weshalb man in Berlin fast keine Dachwohnung ohne Terrasse findet. Häufig haben Terrassen auch noch eine andere Bedeutung. Bauaufsichtsamt und Feuerwehr fordern für solche Wohnungen verständlicherweise einen zweiten Rettungsweg, eine Forderung, die meist durch die sogenannten Mädchen-

6

4

5

7

1 Das 6stöckige Berliner Stadthaus, in dessen Dachgeschoß sich die gezeigte Wohnung befindet. Das Rundfenster spendet dem Arbeitszimmer und dem Schlafzimmer Licht.

2 Flügeltür vom Flur in den Wohnbereich: Auch hier ist schon Großzügigkeit spürbar.

3 Dieser Blick bietet sich dem Eintretenden: Weite, Helle. Die aus Brandschutzgründen verkleidete Holzkonstruktion macht einen großen optischen Reiz aus.

4 Wohnraum. Links die Glasfläche, die Wohnraum von Terrasse trennt.

5 Blick durch den Wohnraum zur offenen Küche an der Innenhofseite. Rechts die Flügeltür zum Flur.

6 Die Fensterfläche des Daches zum Hinterhof hin. Terrasse, Blicke über Dächer und zum Himmel bannen die Gefahr, sich unterm Dach beengt zu fühlen.

7 Blick von der Terrasse quer durch den Wohnraum zur Dachverglasung zum Hinterhof. Hier ist kein Platz für dunkle Ecken.

Fotos: Rolf Peter Reichel, 96271 Grub am Forst.

77

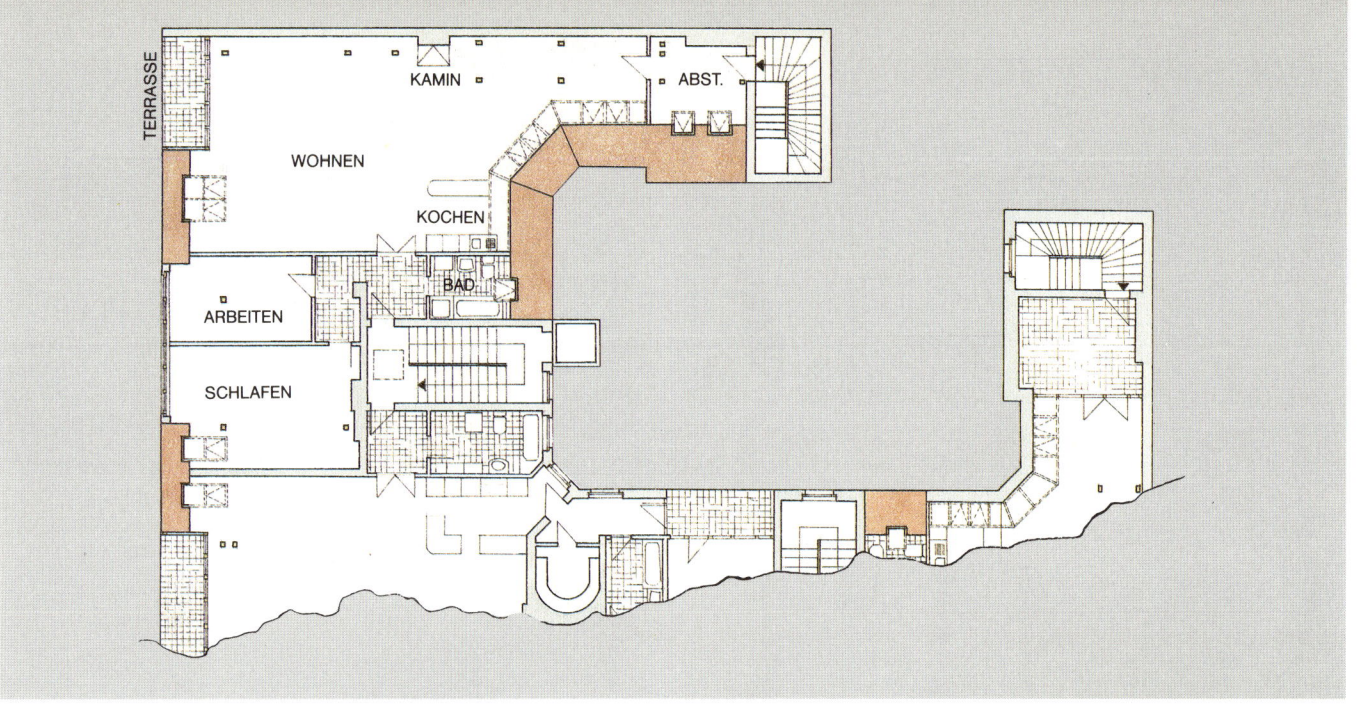

Viel
Wohnkomfort
unterm
Dach

treppenhäuser, also die früheren Dienstbotentreppenhäuser, erfüllt wird. Wo nicht, kann die Terrasse als zweiter Rettungsweg dienen. Allerdings muß sie dann zur Straße hin liegen, damit die Feuerwehr ihre Leiter dort anlegen kann.

Soviel Freiheit auch unterm Dach bestehen mag, den Grundriß nach Wunsch zu gestalten: es bleibt doch eine ganze Reihe Randbedingungen konstruktiver und technischer Art. Der Entwurf muß auf sie Rücksicht nehmen. Deshalb beginnt der Planer seine Arbeit mit einem Aufmaß, das Lage und Maße der Deckenbalken und der Holzkonstruktion genau zeigt. Auch die Lage der Entwässerungs- und der Steigleitungen ist hier wichtig. Den Zustand der meist riesigen Dachstühle stellt ein Gutachter fest. Auch wenn keine Schädlinge das Holzwerk beeinträchtigen, wird es vorbeugend geschützt: Denn der Ausbau

schafft veränderte Bedingungen und vermindert den Luftaustausch.

Ausbau bringt Lasten mit sich. Deshalb kommt man nicht ohne Verstärkung der Deckenbalken aus, zumindest dort, wo alte oder neue Stiele der Dachkonstruktion abgefangen werden müssen. Oder wo ein offener Kamin geplant ist. Oder wo das Bad höhere Lasten mit sich bringt. Bei Bad und Küche, also bei Feuchträumen, werden statt des Trockenestrichs bewehrte Zementestriche eingezogen. Zusammen mit einer Feuchtigkeitssperre vermindern sie die Gefahr, daß Feuchtigkeit in die Unterkonstruktion eindringt. In den Wohnbereichen ist ein neuer Fußbodenaufbau auch deshalb erforderlich, weil der Trittschallschutz verbessert werden muß.

Verstärkt wird bei solch großen Ausmaßen in der Regel auch die Dachkonstruktion. So gewinnt man

die Möglichkeit, Stiele auszuwechseln und Dachflächen zu entfernen, wenn die Belichtung durch Fensterflächen es erfordern sollte: Auch dies ein Gestaltungselement ersten Ranges, wie an unserem Beispiel zu sehen. Auf ausreichende, sicher hinterlüftete Wärmedämmung ist besondere Sorgfalt zu legen.

Als Innenwände, Raumtrennwände, dienen Metallständer- oder Holzständer-Leichtbauwände. Doppelständerwände, vierfach beplankt, reichen auch als Wohnungstrennwände schalldämmtechnisch aus.

Als günstigste Heizung bietet sich in vielen großen Städten Fernheizung an, während Warmwasser elektrisch bereitet wird. Doch hat sich auch Gas-Etagenheizung bewährt.

Bleibt noch die Frage nach den Preisen. Meist wird es sich um eine Komplettmodernisierung des Hauses handeln, so daß der Dachgeschoßausbau nur eine Teilleistung innerhalb der Gesamtmodernisierung darstellt. Im gezeigten Fall beliefen sich die Kosten pro Quadratmeter auf 2330 DM. Ein guter Preis, wenn man die qualitativ hochwertige Ausstattung des Dachgeschosses bedenkt, das unsere Bilder zeigen.

Die Anregungen dieser Reportage

☐ Wie man unters Dach Licht bringt: Durch gegenüberliegende schräge und senkrechte Glasflächen, Dachflächenfenster und Rundfenster, mit denen Elemente der Fassade aufgenommen werden.
☐ Wie man Großzügigkeit erreicht: Durch einen, gemessen an der Gesamtfläche, überdurchschnittlich großen Wohnraum, der für die Raumwirkung vom Rechteck, von der Geraden abweichende Raumzuschnitte nutzt.
☐ Durch Großzügigkeit in den Details wie zum Beispiel Flügeltür und qualitativ hochwertiges Material, zum Beispiel an Fliesen.
☐ Durch helle Farben bis hin zum Weiß.
☐ Durch sparsame Möblierung.
☐ Durch Beschränkung auf wenige Werkstoffe und wenige Farben.

Projekt: Berlin
Baujahr: 1905 – Modernisierung 1989
Bauherr: GbR Fredericiastraße 10c/11. Technische + wirtschaftliche Betreuung: Wohnwert GmbH
Planung und Bauleitung: Architekturbüro Feige + Döring, Fregestraße 67 12159 Berlin, Telefon (030) 8526066

1

4

1 Das Arbeitszimmer zwischen Wohnraum und Schlafraum wird durch eine Hälfte des großen Rundfensters belichtet.

2 Das Bad mit Marmorfliesen und viel Spiegel: Auch eine Möglichkeit, das Gefühl der Weite hervorzurufen.

3 Die offene Küche, an der Hofseite gelegen. Ob offene oder geschlossene Küche, wird immer persönliche Entscheidung bleiben.

4 Wohnkomfort darf nicht erst an der Wohnungstür beginnen: Hier beginnt er schon beim Entree.

2

3

Fürs Wohnen unterm Dach weiß jeder,
der sich dafür entschied, andere persönliche Argumente ins
Feld zu führen: Von der Behaglichkeit schräger
Dachräume bis zum Vergnügen, aus solcher Höhe hinaus
und hinab zu schauen. Einer nicht alltäglichen
Aufgabe sah sich der Architekt dieses Dachgeschoßausbaus
gegenüber: Die Eheleute M. hatten bisher
ein eigenes Wohnhaus bewohnt, das nun den Kindern
überlassen werden sollte: Dessen Funktionsbereiche
aber sollten in die Dachgeschoßwohnung übertragen werden.
Mit der Möglichkeit, ins Freie zu treten.

WOHNEN WIE IM EINFAMILIEN HAUS

1 Ein denkmalgeschütztes Haus, mit Jugendstilfassade, mitten in der Stadt: Das Dachgeschoß wurde zu einer 119 qm großen Dachgeschoßwohnung in drei Ebenen ausgebaut.

2 Der rückwärtige Giebel besteht aus Fachwerk. Der Charakter des sichtbar belassenen Holzes beeinflußte auch die Materialwahl für den Innenausbau.

3 Blick vom Wohnbereich, vorüber an der Loggia, zur Diele mit Arbeitsplatz: Blick also von Ebene 1 in Ebene 2.

3

1 Blick vom Eingang her über die Diele. Die Treppe führt hinab in die Ebene 1 mit Wohnbereich, Eßbereich und Küche. In Bildmitte die Glaswände der Loggia. Darüber ist der Treppenaufgang zum Schlafraum im Spitzboden erkennbar.

2 Der Eßplatz, etwa vom Wohnbereich aus gesehen. Rechts schließt die Küche an.

3 Der Wohnbereich. Er erhält Licht durch das denkmalschutzgerechte Sprossenfenster im Giebel und durch die verglaste Seitenwand der Loggia. Die Kehlbalken sind neu eingezogen: Darüber liegt der Schlafraum im Spitzboden.

4 Die Diele, Ebene 2, optisch vergrößert durch einen verspiegelten Schrank. Links die Wohnungseingangstür.

5 Treppe vom Schlafbereich im Spitzboden hinab in die Diele. Die Tür in Bildmitte führt ins WC.

WOHNEN WIE IM EINFAMILIEN HAUS

Das Haus liegt mitten in der Stadt, Jugendstil-Elemente gliedern und schmükken die Fassade zur Straße hin. Die Hausrückseite zeigt einen Fachwerk-Giebel. (Daß Holz hier sichtbar war, beeinflußte auch die Innenraumgestaltung: Holz sollte die Wirkung bestimmen, in Form sichtbarer Sparren und sichtbarer Brettschalung.) Erbaut war das Haus kurz nach der Jahrhundertwende, um 1907 oder 1908. Genutzt hatte man es all die Jahre im Erdgeschoß als Geschäft, im Obergeschoß als Wohnung. Im Dachgeschoß waren einige Räume zur Straße hin als Nebenräume genutzt worden. Der Bereich aber, der für den Ausbau in Frage kam, war bisher nie genutzt worden und frei bis unter den First. Die Holzbalken der Decke über dem Obergeschoß, also die

Balken des künftigen Fußbodens, hatte man lediglich mit Laufbohlen abgedeckt. Die Räume zwischen den Balken waren mit Lehm ausgefüllt, die Sparren des Daches, aus Eichenholz, nur mit den Dachpfannen abgedeckt. Der rückwärtige Fachwerkgiebel befand sich in schlimmem Zustand.

Das Haus steht unter Denkmalschutz: Deshalb mußte der alte Bestand erhalten bleiben. Da der Ausbau, wie stets, erhebliche zusätzliche Lasten brachte, waren eine Reihe statischer Maßnahmen erforderlich,

um die Standsicherheit auch nach dem Ausbau zu gewährleisten. Im wesentlichen bestanden diese Maßnahmen darin, die Deckenbalken des künftigen Dachgeschoß-Fußbodens mit den Sparren der Dachkonstruktion zu verbinden und auch mit der neu eingezogenen Balkenlage über dem Wohnbereich des Dachgeschosses, den Kehlbalken also. Diese Kehlbalken waren auch nötig, um den Fußbodenaufbau der Räume des Spitzbodens zu tragen.

Die Fußböden sind jetzt wie folgt aufgebaut: Über

die alten Balken mit ihrer Lehmausfachung wurden eine zusätzliche Balkenlage aufgebracht und die Hohlräume zwischen und unter diesen Balken mit einer wärmedämmenden Trockenschüttung verfüllt. Auf die neue Balkenlage kamen Fußboden-Verlegeplatten, Brandschutz-Bauplatten und Teppichboden.

Den Fußboden für die Spitzbodenräume auf den neu eingezogenen Kehlbalken baute man so auf: Über die Balken, die nach unten sichtbar blieben, wurde eine, nach unten ebenfalls sichtbare, Brettschalung verlegt, darüber Trittschall-Dämmatten, dann Fußboden-Verlegeplatten, Brandschutz-Bauplatten und Teppichboden.

Die Fußböden in den Naßbereichen, also Küche und Bad, erhielten, auf Tritt-

1 Die offene Küche, in Ebene 1, dem Eß- und Wohnbereich benachbart.

2 Der Schlafbereich im Spitzboden, Ebene 3. Mit denkmalschutzgerechtem Sprossenfenster im Giebel. Die Balkenlage des Fußbodens ist neu eingezogen. Darunter liegen Wohn- und Eßraum.

3 Das Bad, in Ebene 2, der Dielen-Ebene. Aus der Tür tretend, steht man vor der Treppe in den Schlafbereich des Dachbodens. Also kurze Wege.

Fotos: Friedhelm Thomas, 47804 Krefeld

84

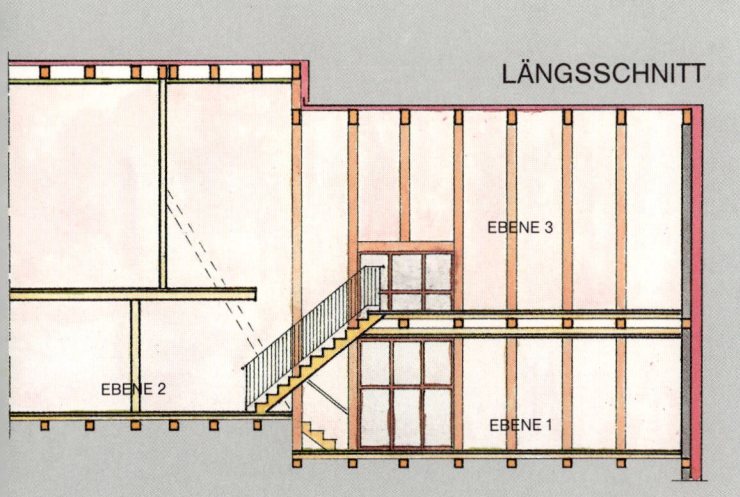

LÄNGSSCHNITT

EBENE 3

EBENE 2

EBENE 1

Architekt Claus-Dieter Langewort: *„Ein Dachgeschoß ist, anders als ein Mauerwerks- oder Betonbau, immer in Bewegung. Wie bei Sanierungsmaßnahmen ist wichtig: Genaue Untersuchung des Bestands, richtige Statik, richtige Konstruktion und richtige Wahl der Materialien. Wird dies alles ausreichend berücksichtigt, dann sind der Gestaltungsphantasie kaum Grenzen gesetzt.“*

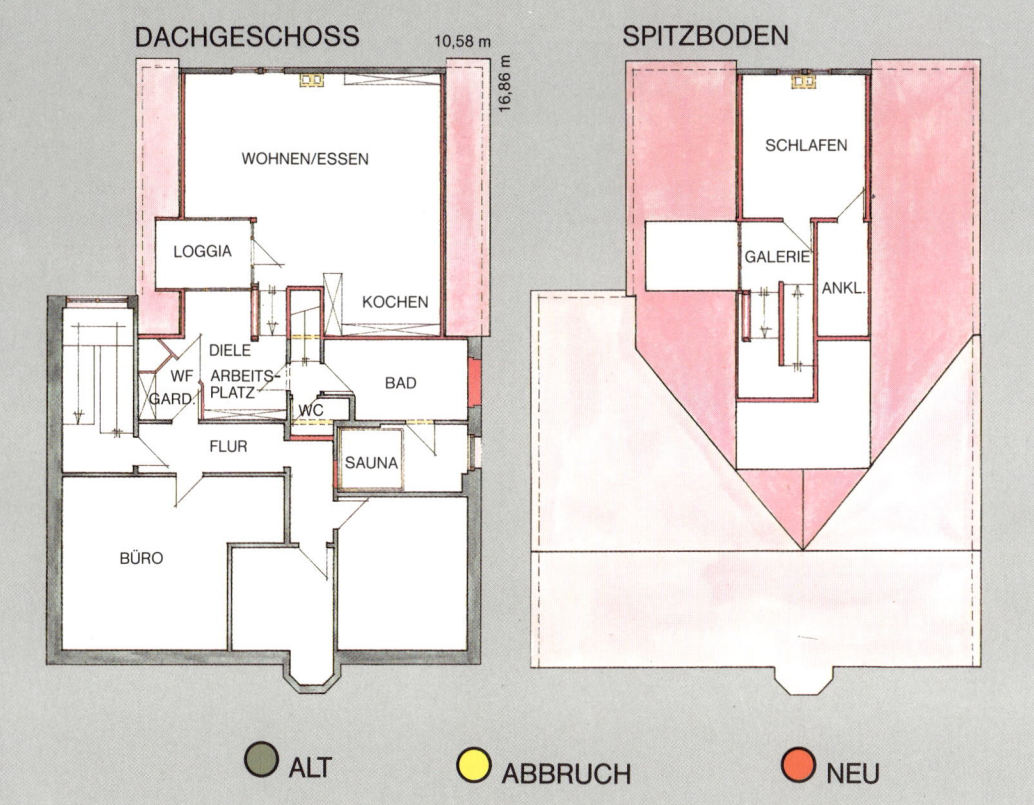

DACHGESCHOSS 10,58 m
16,86 m

WOHNEN/ESSEN

LOGGIA

KOCHEN

DIELE

WF GARD.

ARBEITS-PLATZ

WC

BAD

FLUR

SAUNA

BÜRO

SPITZBODEN

SCHLAFEN

GALERIE

ANKL.

● ALT   ● ABBRUCH   ● NEU

Die Wohnfläche beträgt insgesamt ca. 119 qm. Dabei sind nach der vom Gesetzgeber vorgeschriebenen Rechenweise Flächen unter der Dachschräge nur zur Hälfte gerechnet, wenn die Höhe zwischen 100 und 200 cm beträgt, und gar nicht, wenn die Höhe 100 cm unterschreitet. Bei dieser Dachgeschoßwohnung aber ist die Fußbodenfläche fast vollständig nutzbar, denn das Dach ist sehr steil.

Wunsch des Bauherren war es, im Dachgeschoß so leben zu können, wie in einem Einfamilienhaus. Erfüllt wurde dieser Wunsch vom Architekten nicht nur durch die Aufteilung des vorhandenen Raumes in die gewohnten Bereiche: Auch die drei Ebenen Wohnen/Essen, Diele/Arbeitsplatz und Schlafen sowie die Einbindung der Loggia, die mit ihren Fensteranlagen über zwei Ebenen reicht, tragen entscheidend zur Erfüllung dieses Wunsches bei. Ja selbst die Treppe vom Dachgeschoß in den Spitzboden trägt Einfamilienhaus-Charakter: als führte die Treppe aus dem Erdgeschoß ins Dachgeschoß.

schall-Dämmatten, armierten Estrich.

Die Dacheindeckung war noch intakt. So daß es zweckmäßig und wirtschaftlich war, den nachträglichen wärmedämmenden Dachaufbau von innen vorzunehmen. Zunächst zog man zwischen den Sparren eine Unterspannbahn ein, die man jeweils an den Seiten der Sparren mit Latten befestigte. Der Sparrenquerschnitt bot Raum genug für 140 mm dicke Wärmedämmkeile zwischen den Sparren und die Hinterlüftungsschicht zwischen Oberseite Wärmedämmung und Unterseite

Unterspannbahn. Nach innen schloß man die Konstruktion mit Gipskartonplatten ab, auf Lattung ebenfalls zwischen den Sparren befestigt, so daß die alten Sparren zum Rauminneren hin sichtbar bleiben.

Neue Trennwände wurden als Leichtbauwände errichtet: Eine Metallständerkonstruktion ist mit Gipskartonplatten beplankt; die Hohlräume sind mit Mineralfaser aufgefüllt.

Eine Dachterrasse zu haben, als Freiraum, als Ersatz für die Terrasse am Einfamilienhaus, zählte zu den wichtigsten Bauherrenwün-

schen. Doch brachte diese Dachterrasse, diese Loggia, noch einen weiteren Nutzen: Durch ihre verglasten Wände erhält die Wohnung das meiste Licht. Außerdem durch Dachflächenfenster und durch die denkmalschutzgerechten Sprossenfenster im Fachwerkgiebel.

Die Farbgestaltung ist konsequent: Das sichtbare Holz der Dachkonstruktion wurde dunkelbraun imprägniert, die sichtbare Brettschalung, Fichte, ist im Naturton gehalten. Alle anderen sichtbaren Wand- und Dachflächen wurden weiß gestrichen.

Planung und Bauleitung:
Architekturbüro CDL Claus-Dieter Langewort, Dipl.-Ing. Architekt, Leopoldstraße 48, 32657 Lemgo,
Telefon (05261) 179 11.

PROBIER-
STUBEN *fürs*
Wohnen unterm Dach

Dachgeschoß-
räume regen
durch ihre meist
ungewöhnlichen
Zuschnitte die
Phantasie lebhaft
an, auch unkonven-
tionelle Wege zu ihrer
Gestaltung zu finden.
Aber oftmals hemmt die
Frage: wie die Einfälle,
umgesetzt, denn aussähen,
den Schritt zur Realisierung.
Ein Architekten-Ehepaar, für
seine Bauherren auf der Suche,
beschritt jetzt einen originellen
Weg: Zusammen mit zwei ex-
perimentierfreudigen jungen Paa-
ren probiert man aus, wie man
unterm Dach am schönsten wohnt.

1

Junge Leute bevorzugen abwechslungsreiche Raumsituationen mit unterschiedlichen Sitzbereichen: Vom aufrechten Sitz – möglichst übergangslos – bis zur entspannten, halb liegenden „Faulenzerhaltung". Damit aber ist ein gestalterisches Problem aufgeworfen, dessen Nichtbeachtung, und es wird häufig nicht beachtet, Unbehaglichkeiten schafft. Warum?

Es geht hier um das Problem der unterschiedlichen Kopfhöhen und Distanzen der in einem Raum befindlichen Personen. Wer zum Beispiel in einer Wohnung einen offenen Kamin baut, hat diesen oft in Augenhöhe, weil der notwendige Sockel für Aschekasten und Unterbau die Höherstellung der Feuerstelle erzwingt: Anders als etwa im Freien, wo ein Feuer stets in Fußhöhe brennt.

Vom normalen Sitzbereich aus wird man zur Küche und zu einer dort stehend tätigen Person hochzuschauen haben. Es wird also stets Leute im Raum geben, die hinaufschauen und Leute, die hinunterschauen: Keine gute Voraussetzung für ein behagliches Miteinander. So daß der Gestaltung die Aufgabe gestellt ist, durch Trennung der Bereiche: Wohnen, Essen, Kochen und durch versetzte Fußbodenebenen für gleiche Kopfhöhen zu sorgen.

Wie entscheidend es ist, solche Höhenunterschiede auf diese Weise aus der Welt zu schaffen, wird deutlich, wenn man sich das Verhalten von hereintretenden Besuchern vergegenwärtigt: Sind die Sitzgelegenheiten so gestaltet, daß überall gleiche Kopfhöhe gewährleistet ist, werden sie frei wählen können; wo nicht, wird ihre Wahl störend von dem Un-

behagen beeinflußt sein, das sie zu erwarten haben, wenn sie etwa in der tiefgelegenen Sitzmulde Platz nehmen und zur Gastgeberin, die sich in der Küche zu schaffen macht, emporschauen

---

1 Vorherige Seite: Dieser Blick bietet sich dem Eintretenden. Das freigelegte Balkenwerk signalisiert, daß ein Bezug zur Dachgeschoßwohnung besteht.

2 Die Deckenbalken tragen nur zum Teil Dielenboden, als Fußboden der Empore, die den privaten Bereich der Wohnung aufnimmt. Vom erhöhten Sitzbereich aus gesehen, liegt der offene Kamin in Fußhöhe. Die gleiche Kopfhöhe im Raum ist also gewahrt.

3 Hier wird deutlich, welche verbindende Funktion dem offenen Kamin zugedacht ist und was die Forderung nach gleicher Kopfhöhe im ganzen Raum bedeutet: Keiner braucht hinunter-, keiner hinaufzublicken.

müssen. Wie wichtig eine gleiche Kopfhöhe ist, erweist sich auch, wenn eine größere Anzahl von Gästen sich über mehrere Bereiche verteilen muß: Ein Teil zum Beispiel um den Eßtisch sitzt, der andere in der Sitzgruppe am offenen Kamin.

Machen wir uns diese und weitere Gestaltungselemente an den Bildern unserer beiden Beispiele: Dachwohnung 1 und 2 deutlich.

4 Hier ist die Forderung nach gleicher Kopfhöhe durch vier unterschiedliche Fußbodenebenen erfüllt. Der Grundriß macht sie deutlich.

5 Blick von der Küche aus, die normales Fußbodenniveau hat, über die durchsichtige, halbhohe Trennwand zur Sitzgruppe, deren Ebene um 75 cm höher liegt. Hier ist behaglichste Unterhaltung möglich.

PROBIER-STUBEN *fürs* Wohnen *unterm Dach*

Dachwohnung 1

Interessant in Abbildung 2, die den Eßplatz zeigt, vom Eingang her gesehen, ist die Gestaltung der Decke: Die farbliche Abtönung und die freigelegten Balken signalisieren, daß der Raum darüber, vorher unbenutzter Speicher, jetzt zum Dachwohnraum gehört: Als Empore, als Ruheraum, in den man sich zurückziehen kann. Abbildung 3 macht die Situation noch deutli-

6

Dachwohnung 2

6 Eßplatz im Wintergarten, der sich auf eine Dachterrasse öffnet, mit weitem Blick über die Stadt.

7 Hier wird die Spannung deutlich, die der Raum durch die unterschiedlich breiten Dielenbretter gewinnt. Von oben gesehen fügen sich die Fußböden der Podeste optisch zu einer einheitlichen Dielenfläche zusammen.

Fotos: Friedhelm Thomas, 47804 Krefeld

8 Blick von der Klavierecke über die jeweils um 25 cm springenden Podeste auf die hochliegende Sitzgruppe. Auch die Bilder sind so aufgehängt, daß sie bei der für den ganzen Raum angestrebten Kopfhöhe bequem in den Blick rücken.

9 Die Musikecke, mit E-Piano, wird optisch von den großen Pflanzen bestimmt. Der Raum in den Podesten ist als Stauraum zu nutzen.

7

8

9

cher. Hier ist der angehobene Sitzbereich zu sehen, den der Teppich als privaten Raum vom Eßbereich abtrennt. Der offene Kamin liegt in einer Ebene mit dem fast orientalisch anmutenden Bereich. Lagerfeuerstimmung herrscht vor. Die jenseits dieses Privatbereichs zur Empore emporführende Treppe macht deutlich: Hier wird's noch privater. Entscheidend ist hier auch, daß das Feuer des offenen Kamins nicht nur vom Sitzbereich her einzusehen ist, sondern auch vom Eßbereich, wie Abbildung 3 deutlich macht. Auch dort blickt man nicht auf das Feuer herunter, sondern faßt es mit waagrechtem Blick. Zur Harmonie des Raumes trägt bei, daß die Dachneigung durch Treppe, Kamin und Rahmungen aufgenommen wird.

Die Feuerstelle des offenen Kamins ist verglast. Der Gefahr, daß die Masse des Kaminaufbaues den Raum zu sehr beengen würde, begegnete man, indem man seine Flächen weiß strich, wie die anderen Teile des Dachgeschosses auch. Mit Holztönen wurde experimentiert: Sie erwiesen sich bei diesem Raum als zu schwer. Übrigens: Das Prinzip der gleichen Kopfhöhe hat man auch auf Bilder und Lampen anzuwenden versucht.

Das Raumerlebnis des hereintretenden Besuchers läßt sich auf den drei Fotos nachvollziehen: Beim Eintritt zeigt sich ihm eine geschlossene Decke, selbst vom Eßplatz aus noch. Ein paar Schritte weiter erfährt er, daß der Raum sich nach oben öffnet. Nimmt er im Sitzbereich Platz, fällt sein Blick frei in den Emporenbereich unterm First. Und noch ein Detail trägt zur Ge-

Die Planer, Renate und Karl Morsbach: *„Wir wohnen selbst gern unterm Dach, weil's vielleicht der wohnlichste Platz im ganzen Haus ist: Man kann herausschauen und kann oft den Dachstuhl für die Innenarchitektur nutzen. Mit unserem Suchen nach neuen Wohnformen unterm Dach haben wir vor Jahren schon begonnen. Es braucht Zeit und aufgeschlossene Bauherren, da man viele Ideen nur in der Praxis erproben kann. Doch einige wesentliche Schritte sind getan.“*

samtsumme der Wirkungen bei, ohne daß es zunächst für sich bemerkt wird: Die Parkettstäbe sind unterschiedlich in Maß und Farbe. Ein Prinzip, das man in der zweiten Wohnung noch bewußter eingesetzt hat.

Dachwohnung 2

Hier, in den Abbildungen 4 bis 9, ist das Prinzip unterschiedlicher Breiten der Dielenbretter ebenso augenfällig und konsequent durchgeführt wie das Prinzip der unterschiedlichen Raumebenen. Die üppig eingesetzten Podeste sind einfach gezimmert aus Holzbohlen und massiven Buchendielen, können also ohne großen Aufwand verändert oder entfernt werden. Die Aufgabe, gleiche

Kopfhöhe für alle Bereiche zu erzielen, wurde hier noch überzeugender gelöst: Normales Fußbodenniveau im Wohnbereich hat lediglich die Küche. Das Niveau des Eßplatzes liegt um 25 cm höher. Von dort, über eine Podestfläche, deren Niveau 50 cm über dem Küchenniveau liegt, erreicht man das Niveau der Sitzgruppe, 75 cm über dem Küchenniveau. Wesentliche Blicke zeigt Abbildung 5: Von der Küche zur Sitzgruppe. Abbildung 7 zeigt, wie die Podeste im Raume wirken. Natürlich wäre es schade um den Platz, den sie umschließen: Lange Schübe und aufklappbare Seitenteile machen ihn als Stauraum nutzbar – eine Idee aus dem Schiffsbau.

Um welche Gestaltungsidee es sich im einzelnen auch handeln möge, sie laufen alle auf ein Ziel hinaus, das einem Grundbedürfnis vieler junger Menschen entspricht: Sie führen zu besserer Kommunikation, einfacher gesagt: Sie tragen dazu bei, daß jeder mit jedem im Raume bequem reden kann und ihn dabei auch sieht.

Planung und Bauleitung: R. & K. Morsbach, Büro für Bau- und Stadtplanung GmbH, Kanalstraße 36, 42657 Solingen, Telefon (02 12) 81 30 26/27 und Nizzaallee 49, 52072 Aachen, Telefon (02 41) 15 58 96.

Unterm Dach eines mittelalterlichen Bürgerhauses

Das Haus wurde, von einem wohlhabenden Mann, um 1330 erbaut

Der Dachraum, der heute als Wohnung genutzt wird, diente früher als Lager. Da man diesem historischen Fakt gerecht werden wollte, verbot sich von vornherein die Aufteilung der Geschoßfläche durch Zwischenwände im üblichen Maße: Sie blieb auf das Notwendigste beschränkt, auf Bad, WC, Küche. Auch die alte zweistöckige Unterteilung des Dachraums sollte erhalten bleiben: Man beschränkte sich deshalb beim Deckendurchbruch auf ein Treppenloch für eine einläufige Treppe.

So ergab sich eine Maisonnette-Wohnung, also eine Wohnung über zwei Geschosse, mit klassischer Teilung: Wohn- und Arbeitsbereich unten, Schlaf-

und in späteren Zeiten mehrmals umgebaut. Die meisten dieser Umbauten hinterließen ihre Spuren in der Fassade und teilweise auch im inneren Gefüge: Am augenfälligsten im Dachgeschoß sind die – rekonstruierten – Fenster aus dem 15. Jahrhundert. Doch waren, um auch das Dachgeschoß im denkmalpflegerischen Sinne zu erhalten, noch weitere Kompromisse nötig.

Der Wohnraum, mit Eßplatz und Arbeitsplatz, von der Eingangstür her gesehen. Im Hintergrund Rekonstruktionen von Renaissance-Fenstern, wie sie vorgefunden wurden.

1 Der Wohnbereich der Maisonnette-Wohnung im Dachgeschoß, bei der aus denkmalpflegerischen Gründen weitgehend auf Innenwände verzichtet wurde. Die Tür im Hintergrund links führt in die Küche, rechts davon, durch die Treppe halb verdeckt, die Eingangstür.

2 Blick von der Eingangstür in den Wohnbereich. Die Blockstufentreppe im Vordergrund mit filigranem Geländer führt in den Schlafbereich im Spitzboden.

3 Im Spitzboden: Detail des Geländers der Treppe, die vom Wohnbereich in den Schlafbereich heraufführt.

4 Der Spitzboden wird als Schlafbereich genutzt. Die von Sparren zu Sparren laufenden waagerechten Balken (der Fachmann nennt sie Kehlbalken) tragen den Fußboden des Schlafbereichs.

5

6

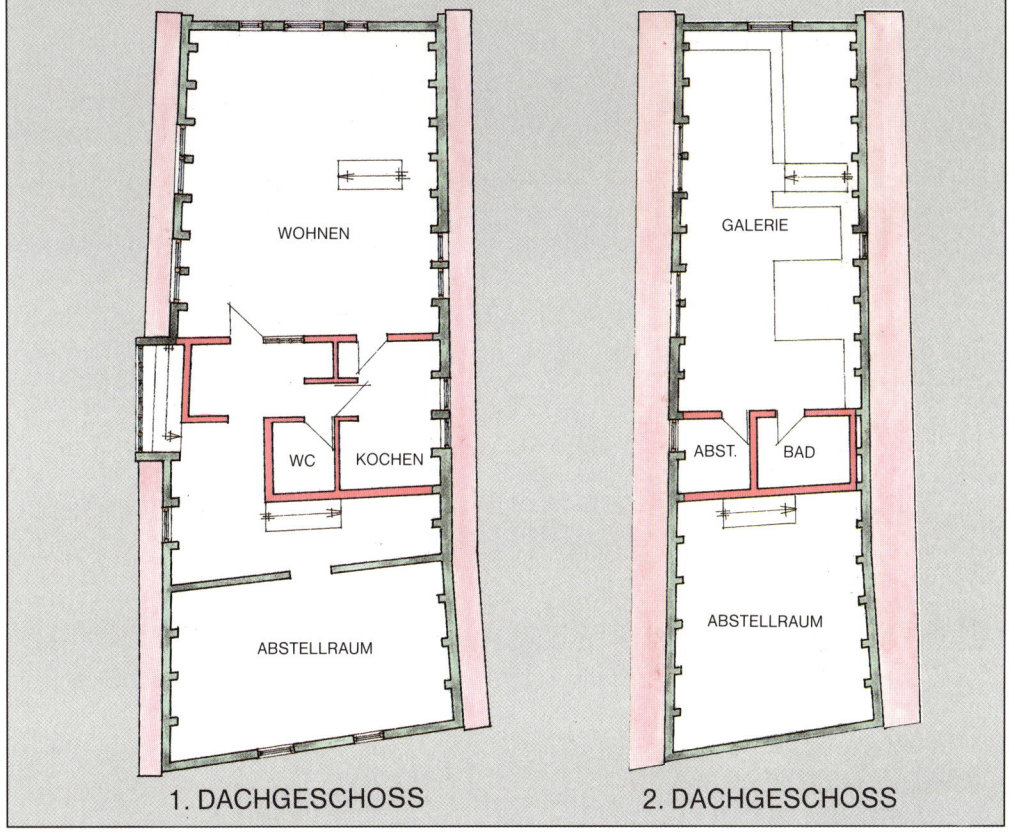

WOHNEN

WC   KOCHEN

ABSTELLRAUM

1. DACHGESCHOSS

GALERIE

ABST.   BAD

ABSTELLRAUM

2. DACHGESCHOSS

bereich oben. Die alte Dachkonstruktion hatte sich, offensichtlich kurz nach Aufschlagen des Dachstuhls, über einen Meter aus dem Lot nach Süden geneigt. Zwar hatte man 70 Jahre später die Konstruktion verbessert, um eine weitere Neigung zu verhindern: Rückgängig konnte die Schräglage nicht mehr gemacht werden. Heute wäre ein Wiederaufrichten des Dachstuhls zwar möglich, aber kaum wirtschaftlich gewesen. Da zudem auch kein akuter konstruktiver Anlaß bestand, beschränkte man sich darauf, diesen Zustand weiter zu stabilisieren, indem man aus der Dachfläche eine starre Scheibe machte: mit Hilfe einer mehrfach vernagelten Brettschalung. Auch die Tragfähigkeit der Sparren wurde verbessert: durch neue Sparren, die über der Brettschalung befestigt und durch Schrauben mit den alten Sparren verbunden wurden. Diese Sparren-Hilfskonstruktion stellt die eigentliche Tragkonstruktion dar.

Als Bodenbelag kam in allen Räumen, um dem Denkmal gerecht zu werden, nur Riemenbelag aus Fichtenholz in Betracht; er wurde versiegelt. Filzstreifen trennen die Riemen von den Deckenbalken, aus Gründen des Schallschutzes. Die Zwischenräume sind mit Schlacke bzw. Mineralwolle ausgefüllt. Abgeschlossen nach unten sind die Decken mit Gipskartonplatten.

Zur Belichtung der Dachräume dienen auf der Platzseite Dachgauben, die an die historische Form angeglichen wurden. An der Giebelseite fällt Licht durch Fenster, die nach den dort vorgefundenen Renaissance-Fenstern rekonstruiert wurden. Im rückwärtigen Bereich des Hauses schließlich, zu einem geschlossenen Innenhof hin, der von der Straße nicht eingesehen werden kann, war ein Kompromiß möglich: Dort wurden Dachflächenfenster in einer modernen großflächi-

gen Konstruktion aus Stahl und Glas eingebaut.

Das Fachwerk blieb innen wie außen sichtbar. Die Dichtigkeit der Mauerwerksanschlüsse wurde durch aufgenagelte Dreikantleisten und Dichtungsbänder erreicht.

Die einläufige Treppe, die von der Wohnebene in den Schlafbereich im Spitzboden hochführt, hat kein historisches Vorbild. Sie wurde bei der Sanierung hinzugefügt und ist deshalb auch als moderne Holztreppe gestaltet. Die Blockstufen allerdings sind eine Reminiszenz an vergangene Zeiten.

Sehr viele Dachräume ermöglichen individuelle Gestaltung, lassen viel Freiheit, Wünsche zu verwirklichen: So läßt sich auch dieses Dachgeschoß, dessen Gestaltung sich den Bedingungen des Denkmalschutzes zu fügen hatte, als eine unkonventionelle Möglichkeit des Wohnens betrachten. Als eine Möglichkeit also, die sich heute viele wünschen.

Planung und Bauleitung: Dipl.-Ing. Jörg Könekamp, Freier Architekt BDA, Roßmarkt 44, 73728 Esslingen, Telefon (07 11) 35 68 70.

Gut zu planen, das bedeutet in der Modernisierung vor allem: die Gelegenheiten, die ein altes Haus und die notwendigen Modernisierungsmaßnahmen bieten, einfallsreich und zielstrebig zu nutzen. Hier z. B. mußte der Dachstuhl wegen der Kriegsschäden völlig erneuert werden: Wenn man ihn bei dieser Gelegenheit anhob, dann konnte man die Dachwohnung über zwei Geschosse planen und gewann Wohnbehagen. Aber man hat, was an Mitteln fehlte, noch öfter durch Ideen ersetzt.

Gute Ideen fürs Wohnen unterm Dach

Blick in den Wohnraum: Transparente Türen sind als Gestaltungsmittel eingesetzt, um mehr Groß-zügigkeit zu erzielen.

Das Treppenhaus mit den Eingangstüren zu den beiden Dachgeschoßwoh-nungen.

Im Wohnbereich, der individueller Einrich-tung viel Freiheit läßt.

Der Wohnbereich. Rechts oben die Öffnung zum Spitzboden. Von links fällt Licht durch die Tür der großzügigen Terrasse.

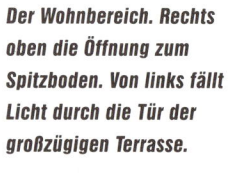

Die Terrasse, dem Wohnraum vorgelagert, mit Holzlattenrosten. Groß genug, um Leben im Freien zu gestatten.

Im Wohnbereich. Die Fenster und die Fenstertür auf die Terrasse gehen auf einen Park hinaus.

Dieses Mehrfamilienhaus aus der Zeit um die Jahrhundertwende, das unter Denkmalschutz steht, wurde vollständig von einem Träger übernommen, der die Wohnungen vermietete. Von vornherein also war dem Architekten aufgegeben, die Attraktivität der Wohnungen durch Ideen und Atmosphäre zu erhöhen, und weniger durch Aufwand und Komfort. Und dennoch ist es gelungen, Wohnungen zu schaffen, bei denen man jenen Komfort nicht vermißt, der nur durch Geld zu erreichen ist. Den Wohnungen fehlt nichts, was zeitgemäßen Wohnvorstellungen entspricht.

☐ Die Galerie-Ebene im Spitzboden zum Beispiel, zu der man über eine Holztreppe hinaufsteigt, bietet ein Refugium, eine Wohnhöhle, die man sich ganz nach Geschmack ausstatten kann. Wobei auch zu bemerken ist, daß die Zweigeschossigkeit einer Wohnung von vornherein mehr Großzügigkeit, mehr Spannung verleiht und eigenwilligen Wohnwünschen entgegenkommt.

☐ Die Balkone zum Beispiel, die dem Gebäude als Stahlkonstruktion vorgesetzt sind, wurden bewußt so groß gehalten, daß man in der warmen Jahreszeit ohne Unbequemlichkeit darauf wohnen kann.

☐ Die Grundrißaufteilung zum Beispiel wurde nach den Gesichtspunkten des Schallschutzes, des ungestörten Wohnens vorgenommen: Wohnbereich und Terrasse liegen nach der Parkseite hin, Küche und Bad nach der tagsüber stark befahrenen Straße.

☐ Die Türen zum Beispiel, Standardtüren aus dem Katalog, gewannen durch das Aufsetzen von Leisten eine individuelle Note. Transparent ausgeführt, wie zum Beispiel zwischen Flur und Wohnzimmer, tragen sie zur Großzügigkeit bei.

Ein paar technische Details: Die Grundrißkorrektur bedeutete Abbrechen einiger Wände, aber auch Hochziehen neuer Zwischenwände. Man setzte dafür Metallständerwerk ein, das

Gute Ideen fürs Wohnen unterm Dach

Die Galerie. Ein guter Einfall: Als Brüstung wählte man teilweise Heizkörper. Sie erfüllten den Brüstungsschutz und spenden gleichzeitig Wärme.

Fotos:
Friedhelm Thomas,
47804 Krefeld

"Man sollte bei der Planung nicht in Portionen denken, sondern eine Endkonzeption im Auge behalten. Am Beispiel verdeutlicht: Wenn man eben zur Zeit noch kein Geld hat, sich eine Sauna zu kaufen, aber gerne in der Sauna sitzt, dann sollte es zumindest zu den Anschlüssen reichen. Dann läßt sich später leicht ergänzen. Man kann's auch so sagen: Man sollte für einen Mercedes denken, aber für einen VW planen."

Kein Zweifel, die Wohnungen, Mietwohnungen allesamt, haben durch diese wohlüberlegten gestalterischen Maßnahmen gewonnen: sie wirken individuell, und sie geben Raum für individuelle Entfaltung. Natürlich bezog man auch das Haus mit ein: Die Fassade wurde, in Zusammenarbeit mit dem Denkmalamt, farblich gefaßt, die Fenster setzte man heller ab,

Sprossen und Rundbögen tragen heute zur Wirkung bei und bringen Spannung und Leben und Frische in die Architektur. Selbst der Hauseingangsbereich rückte ab vom alten Nullachtfünfzehn-Bild. Was nichts weiter heißt, als daß der Architekt das Haus als Ganzes sah. Und das ist es wirklich, selbst wenn es sich nur um ein Mietshaus handelt. Nur?

mit Mineralwolle ausgefacht und mit Gipskartonplatten bekleidet wurde.

Die Holzbalkendecken wurden belassen. Man verlegte darüber trittschallgedämmte Fußboden-Verlegeplatten. Als Oberbelag ist Teppichboden eingesetzt. In der Küche wurde PVC-Boden verlegt. Der Bad-Fußboden ist mit PVC-Folie ausgeklebt, die man an den Wänden hochzog. Darüber kam ein leichter Estrich, der mit Fliesen beklebt ist.

Das Dach ist mit Mineralfaser gedämmt. Zwischen den Sparren, und zur Raumseite hin mit Gipskartonplatten bekleidet.

Produkte & Daten

☐ Metallständer-Leichtbauwände, Gipskartonplatten: Rigips GmbH, Postfach 110948, 40509 Düsseldorf, Tel. (0211) 55030
☐ Türen: Wirus-Werke, Postfach 3361, 33263 Gütersloh, Tel. (05241) 810
☐ Heizkörper als Geländer: Zehnder-Beutler GmbH, Postfach 26, 77933 Lahr, Tel. (07821) 5860
☐ Planung und Bauleitung: Architekt BDA Dipl.-Ing. TU P. Angerstein & Partner, Schulstraße 8, 48149 Münster, Tel. (0251) 20583

Die Küche. In Bildmitte das Rundfenster, das zur Straßenseite weist. Trotz der schrägen Wände bleibt erstaunlich viel Platz für eine Einbauküche.

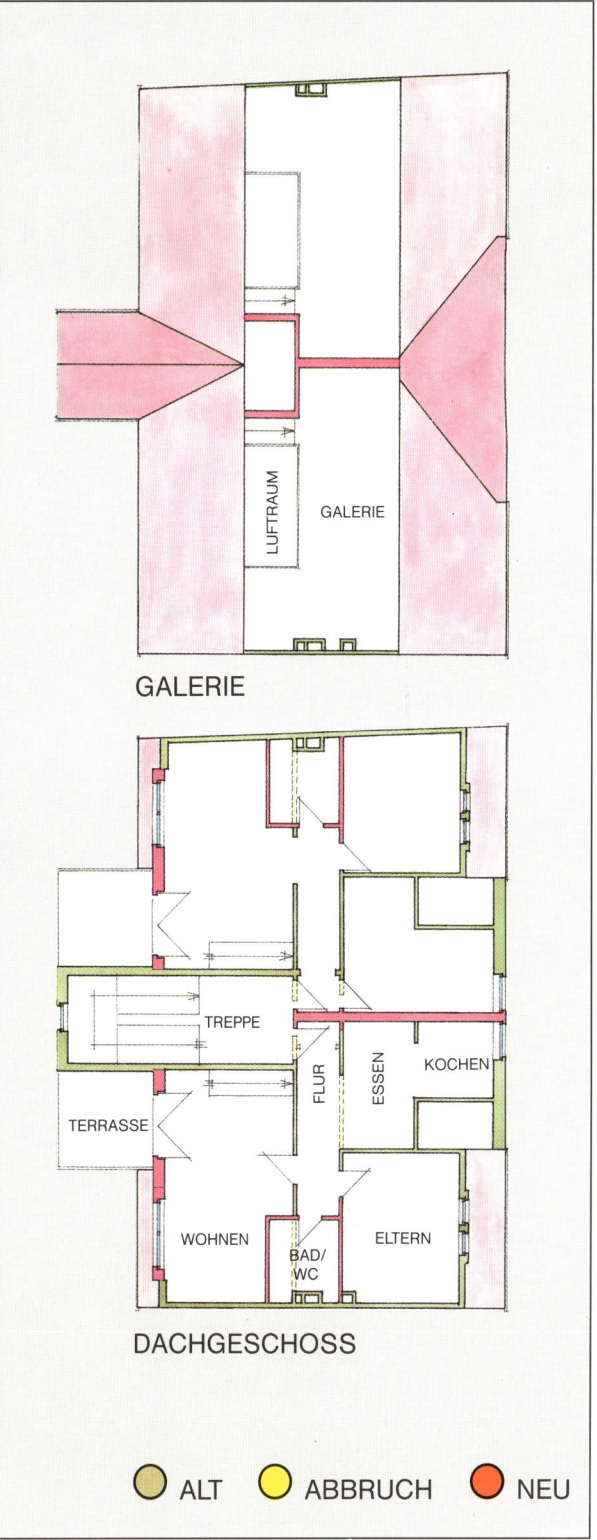

GALERIE

DACHGESCHOSS

● ALT ● ABBRUCH ● NEU

Mehr Wohnqualität durch Spitzbodenausbau

Eine Wohnung individuell zu gestalten, ohne einschränkende Kompromisse: dazu braucht es mehr als nur Möbel, Beläge, Heimtextilien, Farben nach Geschmack. Dazu gehört auch die Anpassung des Grundrisses an die realen Alltagsbedürfnisse. Wie will ich eigentlich die Tage in meinem Haus, in meiner Wohnung verbringen? Diese Frage muß man sich stellen, muß man klar beantworten. Sie führt zu einer Wohnung nach Maß. Wie hier in unserem Beispiel, wo ein individuell gestaltetes Wohngeschoß unterm Dach durch den Spitzbodenausbau dreierlei gewann: Mehr Großzügigkeit, mehr Wohnfläche und eine haargenaue Einstimmung auf die Bedürfnisse der Bewohner.

Der Eingangsbereich, der voll in die Wohnung einbezogen ist. Hinter der statisch bedingten schwarzen Stütze ein Glasregal, das als optische Trennung dient. Im Hintergrund die Wohnungstür.

Blick vom Wohnbereich auf die Treppe in den Spitzboden, der als Arbeitsbereich des Hausherrn dient. Entscheidend: Die Leichtigkeit, die Transparenz der Treppe. Als Geländerfüllung sind Scheiben aus Sicherheitsglas geplant.

Privatissimum: Die Sitzgruppe im Wohn-/Schlafteil, rechts die Badewanne.

Wohnschlaf- und, links, Schlafbereich. Zugang zu zwei Dachterrassen. Der Raum liegt zwischen zwei Satteldächern, deshalb die sichtbare Kehle innen.

Bücherregale, als Trennwände eingesetzt. Der Raum ist Verbindung zwischen Wohn- und Schlafteil. Oberhalb der Regale Spiegel: Sie lassen den Raum transparent erscheinen.

Fotos: Friedhelm Thomas, 47804 Krefeld

Das Bad: Der Waschtisch wurde in eine schwarze Arbeitsplatte eingelassen. Hinter Spiegel und Lamellentüren ist Schrankraum. Durch den Hausherrn entworfen.

Mehr Wohnqualität durch Spitzbodenausbau

Architekt Teddo Terhorst:
„Wohnung ist nicht nur ein Dach über dem Kopf. Wohnung ist Lebensraum. Lebensraum aber heißt: Individuell gestaltet, genau auf Bedürfnisse zugeschnitten, auf die Tätigkeiten, die man gern hat. Man muß da Mut zu sich selbst haben."

Das Ehepaar Terhorst gab sich schon beim Einzug in die Eigentumswohnung im Jahre 1982 nicht mit einem Dutzendgrundriß zufrieden: sondern gestaltete mit Leichtbauwänden aus Holzständerwerk, das mit Gipskartonplatten beplankt wurde, die Raumaufteilung völlig nach Bedürfnis, von der tragenden Mittelwand abgesehen.

So entstand ein türloses Arbeitszimmer für Frau Terhorst neben dem Hauptwohnbereich und auch in der Nähe der offenen Küche, die ja bei berufstätigen Frauen stets zweiter Arbeitsplatz ist. Auf Erleichterung der notwendigen Arbeiten ist der Grundriß auch sonst sorgfältig abgestellt: Es gibt einen gut eingerichteten Hauswirtschaftsraum, einen begehbaren Schrank für Schuhe und Kleider, und das Gastzimmer, großfenstrig, ist als Nähzimmer zu benutzen. Der Raum in Wohnungsmitte ist als Bibliothek gerichtet, mit Zwischenwänden und Regalsystem, und er erschließt gleichzeitig, viertürig, die umliegenden Räume.

Vollends eigenwillig ist die Einrichtung eines intimen Wohnbereichs neben dem Schlafraum, ein reizvoll-behagliches Privatissimum, das sich zudem auf eine Dachterrasse öffnet. Zum Privatissimum gehört auch eine Badewanne.

Reizvoll die Optik: Obwohl weitgehend offen, ist die Wohnung in Sichtbereiche je nach Funktion abgetrennt. Das ergibt sich durch die Verwinkelung ihrer Lage und durch die Einbauten. Es war beabsichtigt, weil dieser Wechsel der Blicke die Intimität wesentlich erhöht. Kurz: Die Terhorsts haben ihren Lebensraum Wohnung so entwickelt, daß er den klar formulierbaren Bedürfnissen zweier Berufstätigen bis ins Detail entgegenkommt.

Doch waren es eben jene Bedürfnisse, die einen weiteren Schritt nötig machten. Herr Terhorst, selbst Architekt, entdeckte, daß die Arbeit zu Hause, in der Freizeit, besonders viel Spaß macht. Besonders kreativ ist. So kam die Idee auf, den Spitzboden über der Wohnung hinzuzunehmen. Mit den Eigentümern der anderen Wohnungen (das Terrassenhaus, das Herr Terhorst selbst geplant hat, zählt 18 Wohnungen) wurde man sich schnell einig: Die Terhorsts zahlen eine kleine Miete an die Eigentümergemeinschaft. Zum restlichen Teil des Spitzbodens, der vom Treppenhaus zugänglich ist, wurde eine Trennwand aus Gipskarton-Feuerschutzplatten eingezogen.

Es sollte kein zweites Geschoß dadurch entstehen. Der Spitzboden-Raum wäre dafür auch zu klein gewesen: 6 qm nach DIN, 20 qm insgesamt.

Der Wohnbereich, der sich zu einem Balkon öffnet. Oben der Fußboden des Arbeitszimmers im Spitzboden, links die Treppe.

Blick vom Wohnbereich in den Spitzboden: Die Rasterplatten der Decke wiederholen das Raster der Stahlgitter.

20 qm Grundfläche wurden durch den Ausbau gewonnen.

Und nur auf einer Breite von 1,20 m gewährt der Raum Stehhöhe. Doch als Arbeitszimmer läßt sich auch solch ein Raum gut nutzen, denn unter den Schrägen lassen sich Regale und Schränke bequem stellen.

Kein zweites Geschoß also: Das hieß, das Treppenloch war auf einen Durchbruch zu erweitern, so groß, daß der Spitzboden zu einer Art Empore geriet. Der Wohnraum darunter aber, nun bis unter den First geöffnet, gewann eine völlig andere Atmosphäre; er wirkt großzügig, und wenn schon, wie wir vorhin sagten, die Verwinkelung in der Waagrechten zur Intimität der Wohnung beiträgt: die Verwinkelung in der Senkrechten verstärkt diese Intimität noch. So wird es auch von den Bewohnern empfunden: Von Arbeitszimmer zu Arbeitszimmer besteht nun Sprechkontakt, vom Arbeitszimmer im Spitzboden zum unteren Wohnbereich weitgehend Sichtkontakt. Das war gewünscht für die Stunden gemeinsamen Arbeitens.

Es gehörte zur Feinabstimmung, das Treppenloch zwar zu erweitern, aber nicht zu einem gähnenden Loch: deshalb blieben zwei Balken erhalten. Man strich sie weiß wie das Stahlraster, das den Übergang von der Treppe zum Arbeitsbereich bildet, wie die Treppe selbst, deren Trittstufen ebenfalls gerastert sind. Der Leichtigkeit wegen. Die Notwendigkeit, die Treppe insgesamt so leicht als möglich wirken zu lassen, verbot auch, Holz zu wählen. Auch ein neuer Holzton hätte den Gesamteindruck gestört. Ein Problem ist noch ungelöst: Das Geländer. Geländerstäbe würden die Leichtigkeit stören. Herr Terhorst plant Versuche mit Sicherheitsglas zu machen; dadurch könnte noch eine zusätzliche, wünschenswerte Wirkung erzielt werden. Eile hat es nicht, da es keine Kinder in der Wohnung gibt.

Einige Details: Der Rand des Treppenlochs, also der Querschnitt der Holzbalkendecke, wurde mit Holzspanplatten auf einer Unterkonstruktion geschlossen. Darauf befestigte man Gipskartonplatten und verklebte Rauhfasertapete, die gestrichen wurde.

Um den Arbeitsraum im Spitzboden ausreichend zu belichten, wurden Dachflächenfenster eingebaut. Das Dach im Spitzbodenbereich war ursprünglich nicht gedämmt, stattdessen lag die Dämmung auf der obersten Geschoßdecke. Nachträgliche Dämmung war also nötig: Auf den Sparren liegt eine Vollholzschalung, darüber Bitumenpappe, Konterlattung, Lattung und Faserzementplatten. Zwischen die Sparren wurde Wärmedämmung eingebracht. Zwischen Wärmedämmung und Vollholzschalung ist der Aufbau belüftet.

Den Spitzboden zusätzlich zu beheizen, war nicht nötig. Die Fußbodenheizung unter den Bodenplatten im Erdgeschoß spendet genug Wärme.

Kein Zweifel, durch die Öffnung zum Spitzboden hat die Wohnung an Großzügigkeit gewonnen, wurde sie noch genauer auf die Bedürfnisse der Bewohner abgestimmt: Aber lohnt sich so ein Ausbau denn wirtschaftlich? Die Terhorsts meinen einhellig: Solch ein Zuwachs an Wohnqualität lohnt sich. Zumal die Kosten pro Quadratmeter bei ca. 900 DM lagen, insgesamt also 18 000 DM.

Aber noch ein weiterer Punkt sollte nicht vergessen werden: Diese Maßnahme, so individuell sie erscheinen mag, bedeutet eine Wertsteigerung der Wohnung. Objektiv. Bei einem Wiederverkauf zum Beispiel würde dies zu Buche schlagen. Das läßt sich nicht von jeder individuellen Maßnahme sagen.

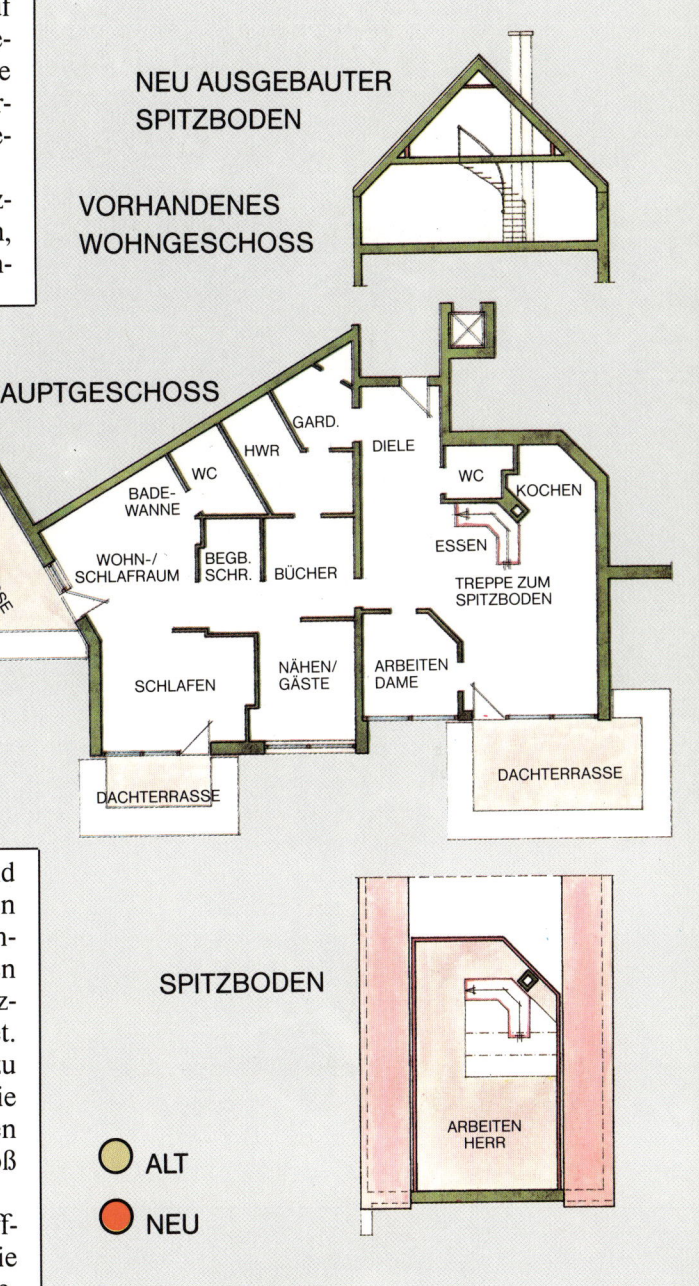

NEU AUSGEBAUTER SPITZBODEN

VORHANDENES WOHNGESCHOSS

HAUPTGESCHOSS

GARD.

HWR

DIELE

WC

BADE-WANNE

WC

KOCHEN

DACHTERRASSE

ESSEN

WOHN-/SCHLAFRAUM

BEGB. SCHR.

BÜCHER

TREPPE ZUM SPITZBODEN

SCHLAFEN

NÄHEN/GÄSTE

ARBEITEN DAME

DACHTERRASSE

DACHTERRASSE

SPITZBODEN

ARBEITEN HERR

● ALT

● NEU

Produkte & Daten

☐ Dacheindeckung: Faserzementplatten: Eternit AG, Postfach 11 06 20, 10587 Berlin, Tel. (030) 3 48 50

☐ Dachflächenfenster: Velux GmbH, Postfach 54 02 60, 22527 Hamburg, Tel. (040) 5 48 40

☐ Gipskartonplatten: Rigips GmbH, Postfach 11 09 48, 40509 Düsseldorf, Tel. (02 11) 5 50 30

☐ Planung und Bauleitung: Dipl.-Ing. Teddo Terhorst, Architekt, Riegelstraße 11, 48431 Rheine, Tel. (05971) 1 21 20

Gut gelöst: Das Haus auf dem Haus

Wie man möglichst preisgünstig zu einer eigenen Wohnung komme: Diese Frage stellen sich viele. Unser Beispiel zeigt eine mögliche Antwort: Die Aufstockung eines konventionell gebauten Flachdach-Bungalows in Fertigbauweise. Daß dabei Grundstückssuche und Grundstückskauf entfallen ist ein Vorteil, der besonders kräftig zu Buche schlägt.

Blick zum Wohnbereich und Balkon. Links die Treppe zum Studio, dahinter der Wintergarten. Die oberen Fenster werden im Sommer mit Rollos abgedeckt.

Das Eßzimmer, in warmem Holzton wie die ganze Wohnung.

Wohnbereich mit offenem Kamin. Die Fenster gehen auf den Balkon hinaus, der über die gesamte Hausbreite läuft.

Der Balkon an der Giebelseite des Hauses. Darauf legten die Wächters besonderen Wert.

Der Wohnraum vom Balkon aus, in Bildmitte der Wintergarten, im Hintergrund der Eßbereich.

Gut gelöst: Das Haus auf dem Haus

Tanja und Dietmar Wächter waren schnell überzeugt, daß eine Aufstockung des väterlichen Flachdach-Bungalows in bewährter Holzfertigbauweise der kürzeste Weg zu einem eigenen Heim ist. Der Architekt machte Skizzen, wie solch eine Aufstockung aussehen könnte. Sie gefielen. Er machte Pläne und fertigte ein Modell an. Das Modell gefiel. Was Wunder, daß man auch in Details, in der Frage der Zimmereinteilung schnell zu Entschlüssen kam. Zumal, und das wurde von der jungen Bauherrschaft als großer Vorteil angesehen, volle Freiheit in der Gestaltung des Grundrisses gegeben war. Modern sollte die Raumaufteilung sein und auch gut aussehen. Ein Balkon war Bedingung.

So kam es schnell zur Ausschreibung und zum Auftrag an eine in der Nähe ansässige Holzbaufirma, die seit Jahren Fertighäuser lieferte. Die Fertigung richtete sich ganz nach dem vorhandenen Plan: Eine individuelle Gestaltung also mit Fertigteil-Elementen, kein Typenhaus.

Detail: So sitzt das Haus auf dem vorhandenen Flachdach-Bungalow auf.

Die wichtigsten technischen Details der Aufstockung:

Die Attika des vorhandenen Flachdach-Bungalows, also die umlaufende Dachblende, wurde entfernt, der Flachdachaufbau selbst aber blieb unverändert. Man legte in Längsrichtung Balken darüber, die jeweils an zwei Stellen mit dem Bungalow verbunden wurden. Dann folgte eine Querlage Balken. Anschließend wurde das Rohgerüst, also die Balkenkonstruktion einschließlich Dacheindeckung aufgestellt. Als Außenwände wurden Fertigbauteile eingefügt, die in Eigenleistung außen mit Holz verschalt wurden, selbstverständlich auf wärmegedämmter Unterkonstuktion. Innen sind die Elemente mit Gipskartonplatten bekleidet.

Der Fußbodenaufbau ist als schwimmender Estrich gestal-

Tanja Wächter: „Als wir beschlossen hatten zu heiraten, machten wir uns Gedanken über eine eigene Wohnung. Der Cousin meines Schwiegervaters brachte uns auf eine Idee: meines Vaters Flachdach-Bungalow aufzustocken. Der Architekt machte Plan und Modell, nachdem wir uns unterhalten hatten. Das gefiel uns prima."

Die Küche, vom Eßplatz aus gesehen.

Der Fitneßraum, später auch als Kinderzimmer zu nutzen.

Fotos: Rolf Peter Reichel, 96271 Grub am Forst

Das Bad, mit Übereck-Wanne, um den Raum besser zu nutzen.

BALKON
WOHNEN
SCHLAFEN
WINTERGARTEN
TREPPE
BAD
FITNESS
ESSEN
HOBBY
KIND
DUSCHE/WC
WF
KOCHEN
ABSTELL
ALT
NEU

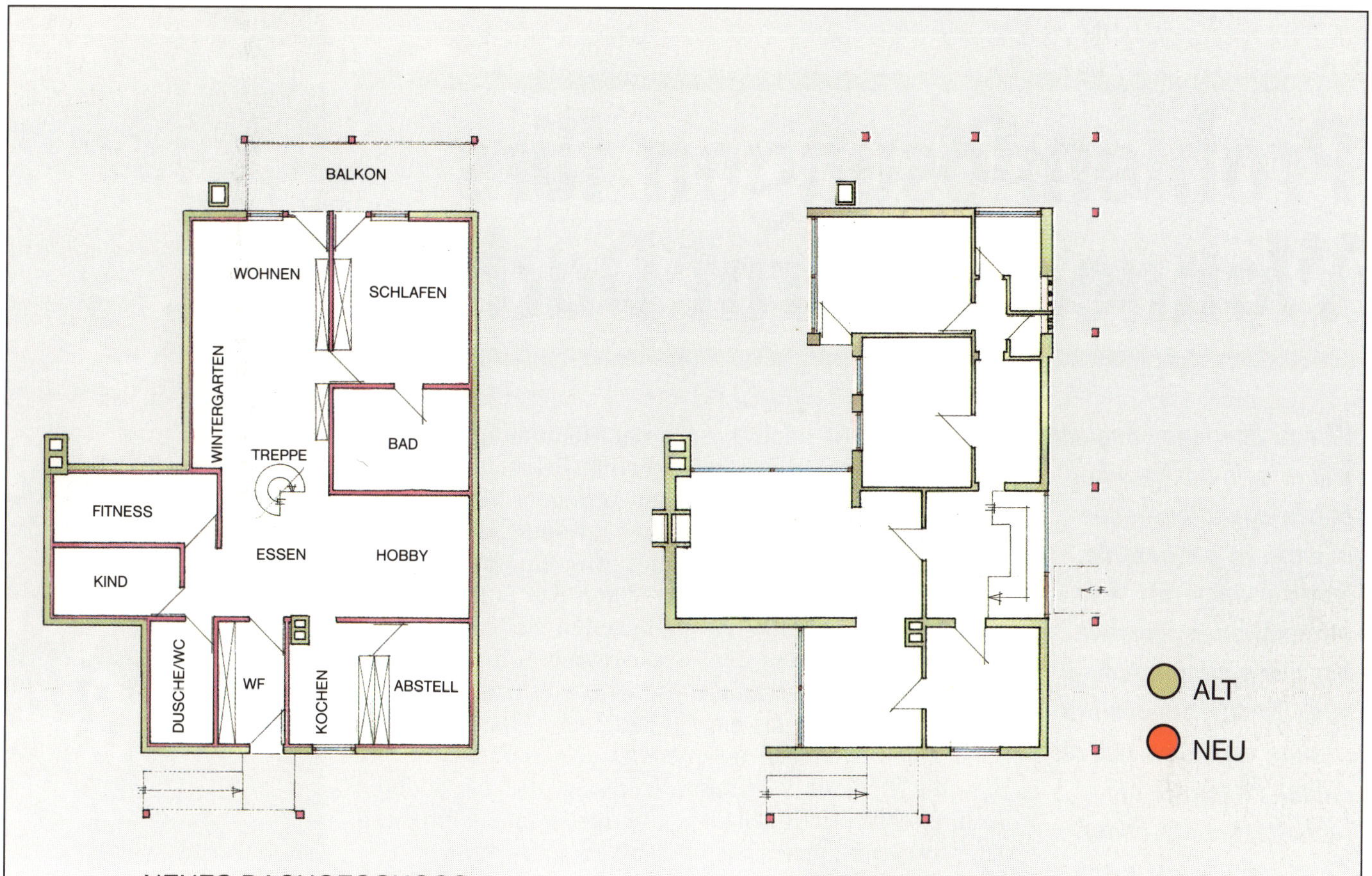

NEUES DACHGESCHOSS: HAUS AUF DEM HAUS

GRUNDRISS DES VORHANDENEN FLACHDACHBUNGALOWS

tet, mit Schallschutzplatten. „Man hört unten nur, wenn wir sehr laut auftreten", präzisiert Tanja Wächter ihre Erfahrungen mit dem Schallschutz.

Die Innenwände sind aus Gasbeton-Steinen gemauert.

Der Aufbau des Daches: Auf die Sparren kamen Schalung, Dachpappe, Folie, Dachlattung, 10 cm starke geformte Hartschaumelemente mit Nut und Feder, Konterlatten, Latten, Beton-Dachsteine.

Auch die Heizungsfrage war leicht zu lösen. Da der Öltank für die Ölheizung des Bungalows zu klein gewesen wäre für beide Wohnungen, installierte man im Dachgeschoß eine Gas-Etagenheizung, eine gute Lösung, die bequem die Heizkostentrennung erlaubt, falls eine der Wohnungen vermietet werden muß.

Preislich ist die Haus-auf-Haus-Methode durchaus attraktiv. Nicht nur, weil der Kauf eines Grundstücks entfällt. Das Ehepaar Wächter zum Beispiel beziffert seine Gesamtkosten auf DM 250 000 und das bei einer Wohnfläche von 160 qm plus 40 qm Studio. Pro Quadratmeter fallen also nur DM 1250 an. Durch wohlüberlegte Eigenleistung: Einziehen von Wänden, Verkleben von Fliesen, Tapezieren, Teppichboden-Verlegen und Montage der Holzverkleidung außen, konnten 30 Prozent eingespart werden.

Produkte & Daten

- ☐ Küche: SieMatic Möbelwerke GmbH & Co., Postfach 1425, 32584 Löhne, Tel. (05732) 671
- ☐ Fertigteilbau: M. Beierschoder, Fertighaus KG, Kleinenmühle 1, 96317 Kronach, Tel. (09261) 1061
- ☐ Planung: Dipl.-Ing. FH Hans Heinlein, Lindigstraße 8, 95448 Bayreuth, Tel. (0921) 99329

1
2
3
4
5
6
7
8
Quelle: Beierschoder

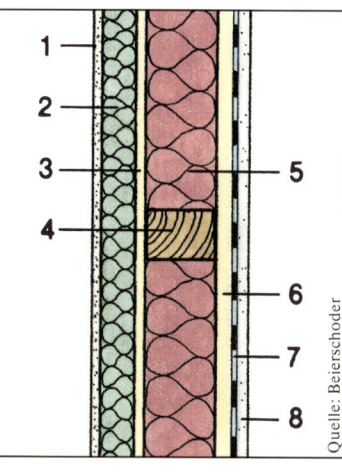

So sind die verwendeten Außenwandelemente für Fertigbauweise aufgebaut: ① Reibeputz, ② 50 mm Hartschaumplatte, ③ Holzbauplatte V 100 G, 13 mm, Emissionsklasse E 1, ④ Massivholzrahmen, 100 mm, ⑤ Mineralfaser-Dämmstoff, 100 mm, ⑥ Holzbauplatte V 20, 16 mm, E 1, ⑦ Dampfbremse, ⑧ Gipsbauplatte 12,5 mm.

„Erst tat es uns ein bißchen leid, daß wir um die schrägen Wände nicht herumkamen, aber jetzt gefällt es uns, wir finden es sehr gemütlich", beurteilt Tanja Wächter ihr Haus auf dem Haus. Und Dietmar Wächter fügt hinzu: „Vor allem gefällt uns das viele Holz, das hier eingesetzt wurde, sein warmer Ton."

Haus-auf-dem-Haus ist eine gute Bauidee, vor allem für junge Leute.

Problemlösungen fürs Wohnen unterm Dach

Wer zu überlegen beginnt, wie er sein Dachgeschoß nutzbringend ausbauen könnte, ist gut beraten, wenn er möglichst viele Informationen sammelt. Vor allem Informationen über Details. Sie nämlich sind es, an denen sich die eigene Phantasie am lebhaftesten entzündet. An denen sich die eigenen Wünsche am ehesten klären lassen.

Zu sehen, wie andere es gemacht haben, ist für den privaten Bauherrn ein Königsweg: So kann er am bequemsten an fremden Erfahrungen teilhaben. Freilich, so wie der Architekt Pläne zeichnet, anstatt dem Zufall und der Spontanität zu überlassen, wie das einzelne zuletzt gelingen soll, also mit Methode vorgeht: So empfiehlt es sich auch für den privaten Bauherrn, sich einer Methode zu bedienen. Ein Blatt Papier und ein Bleistift genügen. Man schreibt in Form einer Liste lediglich auf, was einem beim Betrachten der Fotos auf den folgenden Seiten als wünschenswert auffällt.

So gewinnt man unter der Hand eine Übersicht über seine Vorstellungen und Wünsche, die alle anderen Überlegungen nutzbringend ergänzen kann.

Dachgeschoßausbau in einem Siedlungshaus, dessen Wohnfläche durch Anbauten vergrößert wurde. Anregungen: Unterteilung des Großraums in mehrere Ebenen, die zueinander geöffnet sind. Der Gehäusecharakter solcher Gestaltung ist Gewinn für den einzelnen Bereich: Selbst wenn er so sachlich ausgestattet ist wie der Arbeitsplatz im Vordergrund.

Links: Arbeitszimmer. Anregungen: Durch Möbel mit unterschiedlichen Rasterhöhen lassen sich Dachschrägen nutzen. Der helle Eichenholz-Ton nimmt die Enge. Quelle: Hülsta.

Oben: Sitzgruppe. Anregungen: Raumwirkung durch wenige ruhige Farbtöne und Struktur der Decke: Dachsparren, Firstpfette und Holzschalung.

Unten: Wohnraum für junge Leute. Anregungen: Großzügige Raumbelichtung durch sechs Dachflächenfenster. Blick nach draußen durch Zusatzelement „Wand". Jalousetten dosieren Lichteinfall. Quelle: Velux.

Oben: Arbeitsplatz im Spitzboden. Anregungen: Längslaufende Holzschalung streckt den Raum. Gestaltung der weißen Giebelwand durch dunkel gestrichenes Regal und Verglasung. Zusätzliches Dachflächenfenster.

Oben: Schlafplatz im Spitzboden. Anregungen: Behaglichkeit der Dachschräge durch Giebelverglasung betont. Reizvolle Asymmetrie durch Drempelwand links. Dahinter Abstellraum möglich.

Unten: Schlafraum einer Dachgeschoßwohnung. Anregungen: Auch bei
begrenzter Stellfläche kann man die
praktischen Hochschränke aufstellen.
Unter der Dachschräge. Quelle: Hülsta.

Oben: In einer früheren Scheune. Anregungen: Empore trägt zur Raumwirkung
bei und schafft Raum. Dachkonstruktion in die Gestaltung einbezogen.

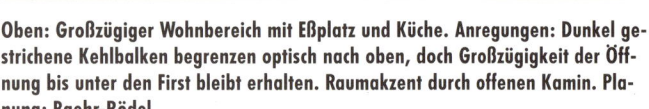

Oben: Großzügiger Wohnbereich mit Eßplatz und Küche. Anregungen: Dunkel ge-
strichene Kehlbalken begrenzen optisch nach oben, doch Großzügigkeit der Öffnung bis unter den First bleibt erhalten. Raumakzent durch offenen Kamin. Planung: Baehr-Rödel.

Oben: Geräumiger Hobby- und Familienraum. Anregungen: Dachgeschosse bieten
tausenderlei Nutzungsmöglichkeiten. Lassen Sie Ihren Wünschen freien Lauf!

Links: Dachgeschoß-Wohnhalle. Anregungen: Vollständige Verglasung des Giebels, Nutzung der vollen Raumhöhe bis zum First.

Oben: Nutzung von Drempel und Giebel. Anregungen: Unterteile, beleuchtete Bords, Übereckführung, Aufstieg bis unter den First. Quelle: Hülsta.

Oben: Atelier. Anregungen: Konstruktion als gestaltetes Element. Giebelverglasung, des Ausblicks wegen, sparsame Möblierung. Planung: Köhler.

Links: Wohnbereich. Anregungen: Belichtung über Terrasse. Unterteilung des Großraums durch Querwände bis zur Mitte.

Oben: Wenn Stellfläche fehlt. Anregungen: Schrankwände als Raumteiler, Innentüren in einer Achse vermindern Gefühl der Enge.

Links: Schlafraum. Anregungen: Kniestock oder Drempelwand, großes Dachflächenfenster, verglastes Wandteil nehmen dem Dachraum die Enge. Quelle: Velux.

Rechts: Schlafeck unter der Schräge. Anregungen: Bettstatt aus Porenbeton, Ecken gerundet, Flächen weiß. Das schafft eine besondere Atmosphäre. Planung: Bleher.

Unten: Alter Dachgeschoß-Schlafraum, den die Bewohner sorgfältig sanieren ließen. Anregungen: Nutzung der Abseiten als Alkoven und Stauraum. Auf beiden Seiten.

Unten: Anregungen: Dachschrägen, die den Raum drücken, verlieren durch weiße Flächen ihre Schwere. Auch kommen alte Möbel besser zur Geltung.

Unten: Spitzboden-Nutzung. Anregungen: Durch passende Möbel oder durch maßgeschneiderte Einbaumöbel läßt sich auch der letzte Winkel unterm Dach bewußt gestalten und der störende Eindruck von Kompromissen, von Notlösungen vermeiden.

Rechts: Sitzecke. Anregungen: Raum wirkt höher durch weiße Kehlbalken und weiße Schalung. Der weißen Farbe wurde ein wenig Blau beigesetzt, damit sie heller wirkt. Dunkle Balken: alter Bestand. Planung: Krügerke.

Links: Spitzboden-Ausbau. Anregungen: Mehr Wohnfläche und Großzügigkeit durch Öffnung des Raumes bis zum First. Treppe weiß, um sie optisch zurückzudrängen. Deckenbalken verkleinern optisch das Treppenloch. Planung: Terhorst.

Oben: Gaube. Anregungen: Notwendige Bauteile wie z. B. Gauben lassen sich entweder optisch zurückdrängen oder betont in die Gestaltung des Innenraumes einbeziehen, wie hier.

Links: Appartement. Anregungen: Möblierung der Dachschräge durch Elemente, deren ansteigende Höhen in einer Glasvitrine gipfeln, an die, aufgelokkert, Elemente anschließen. Quelle: Hülsta.

Oben: Eleganter Wohnbereich. Anregungen: Weiß macht weit, entmaterialisiert die Flächen. Verglaste Türen erhöhen die Großzügigkeit.

Problemlösungen für Küche und Bad unterm Dach

Das Behagen, das schräge Wände vermitteln, kommt auch den Feuchträumen unterm Dach zugute: den Bädern, Küchen und Fitneßräumen mit Duschen. Wie bei den Wohnräumen lassen sich auch hier konstruktive Elemente wie Dachsparren und Kehlbalken in die Gestaltung einbeziehen.

Werden Feuchträume unterm Dach installiert, dann sind dafür, vor allem bei Holzbalkendecken, einige sichernde bautechnische Maßnahmen notwendig. Denn solche Einbauten bringen zusätzliche Lasten ins Haus. Die Statik wird also zu überprüfen, die Decke zu verstärken sein. Hier ist in jedem Fall der Fachmann gefragt. Doch muß gleichzeitig Vorsorge getroffen werden, daß Feuchtigkeit nicht in die Unterkonstruktion der Decken dringen kann. Den Fußboden zu verfliesen genügt dabei nicht. Denn Fliesen sind, der Fugen wegen, nicht wasserdicht. Einige Bauphysiker raten zur Abdichtung mit einer wannenartig verlegten Kunststoff-Folie.

Oben: Bauliche Gegebenheiten genutzt. Anregungen: Unterschiedliche Ebenen gliedern den Raum, sichtbare Hölzer verleihen Rustikalität.
Unten: Spitzboden. Anregungen: Gestaltung durch Materialwahl: Marmor. Wenige Farben, bei Mut zu Akzenten.

WC unterm Dach, vorher und nachher. Anregungen: Bei kleinen Räumen möglichst helle Flächen. Dekorfliesen und Schmuckelemente möglichst sparsam einsetzen. Quelle: Villeroy & Boch.

Oben: Anregungen: Weiß weitet den Raum, Friese gliedern ihn, diagonale Bodenfliesen verleihen Spannung. Quelle: Villeroy & Boch.

Links: Küche. Anregungen: Nutzung der Schräge unter den Dachflächenfenstern als Abstellfläche oder Arbeitsplatz. Anpassung der Möbel an die Dachschräge. Quelle: Velux.

Unten: Rustikale Küche. Anregungen: Stellbretter am Sparren, Eßplatz unter dem Dachflächenfenster.

Unten: Bad auf engem Raum. Anregungen: Weiße Flächen und Sanitärobjekte und ein Spiegel weiten optisch den Raum. Die halbhohe Wand rechts trennt WC und Wanne.

Oben: Anregungen: Küche nach Maß, aus Porenbeton gebaut, mit einfachen Lamellentüren. Quelle: Hebel.

Links: Anregungen: Verkleidung durch Profilbretter, optische Vergrößerung durch Spiegel.

Fachbegriffe – leicht verständlich

Im Gespräch mit Architekten, Handwerkern und der Bauaufsicht stellt sich meist schnell heraus, welche Hilfe es ist, gewisse wichtige Fachbegriffe, die den Dachausbau betreffen, parat zu haben, zu wissen, was sie bedeuten. Deshalb werden auf diesen Seiten eine Reihe von gängigen Begriffen in Worten und in Abbildungen leicht verständlich erläutert.

Abseite

Im Dachgeschoß der Raum unter der Dachschräge im → Traufbereich. Beim Ausbau des Daches wird die Abseite meist durch eine → Drempelwand abgetrennt. Dann ist die Abseite als Abstellraum zu nutzen. Sie eignet sich auch für Einbaumöbel: entweder mit Türen und Fachböden oder mit

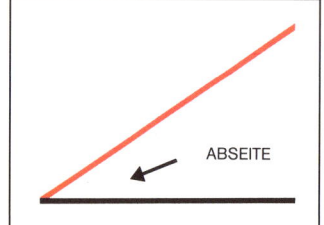

herausziehbaren geraden oder um eine Achse herausdrehbaren halbkreisförmigen Schubladen.

Aufschiebling

Balken, der im Traufbereich dem Sparren aufgesetzt wird und die Dachfläche, abgeflachter als das Hauptdach, zur Traufe hin verlängert.

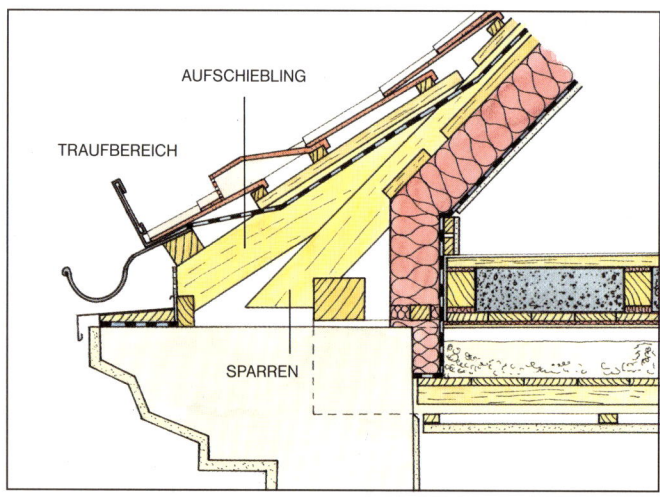

Balkenkopf

Bei Fachwerkbauten das über die Außenwand hinausragende, häufig verzierte Ende eines Deckenbalkens. Doch wird auch das Balkenende, das in der Wand aufliegt, Balkenkopf genannt. Balkenköpfe in der Wand sind oftmals schadhaft: Die Deckenbalken genügen dann nicht mehr den statischen Anforderungen.

Baugenehmigung

Dachausbau ist als Nutzungsänderung genehmigungspflichtig. Die Maßnahme muß jeweils den Vorschriften des Bauplanungsrechts genügen, das in den Händen des Bundesgesetzgebers liegt, wie auch dem Bauordnungsrecht, das Sache der jeweiligen Bundesländer ist. Das Bauordnungsrecht unterscheidet sich von Bundesland zu Bundesland. Deshalb ist es ratsam, schon zu einem frühen Zeitpunkt der Planung das Gespräch mit den zuständigen Baubehörden zu suchen: bei den Bezirks-oder Ortsämtern, den Kreis-, Amts- und Stadtverwaltungen oder auch den Stadtteilbehörden und Landratsämtern.

Belichtung

Das Bauordnungsrecht schreibt, je nach Bundesland, für die Dachgeschoß-Belichtung eine bestimmte Mindestfensterfläche vor: meist ein Zehntel der Raumgrundfläche, in manchen Bundesländern ein Achtel der Raumgrundfläche.

Beta-Verfahren

→ Kunstharzverfahren.

Brandschutz

Die wichtigen Vorschriften für den Brandschutz stehen jeweils in den Bauordnungen der Länder. In der Regel ist der Dachausbau ausgeschlossen, wenn bestimmte Decken darunterliegender Geschosse aus Holz sind und damit einem Feuer nur eingeschränkt Widerstand leisten. Hier sind Maßnahmen nötig. Treppenhäuser müssen aus nicht brennbaren Materialien bestehen, an Außenwänden liegen und unmittelbar ins Freie führen. Die Freiflächen müssen so gestaltet sein, daß die Feuerwehr Leitern anstellen und die Rettungsfahrzeuge einsetzen kann.

Rechtzeitig Bauaufsichtsbehörde fragen!

Dachausstieg

Durchstiegsöffnung im Dach für Schornsteinfeger und Dachhandwerker. Mit

profilierter, rutschhemmender Trittfläche und einer Sicherheits-Öffnungsschere, die das ungewollte Zuschlagen des geöffneten Fensterflügels verhindert. Für vollständig ausgebaute Dachgeschosse gibt es spezielle Wohnraum-Ausstiegs-Fenster. (Foto: Velux)

Dacheinschnitt

Dachterrassen, Dachloggien erhöhen den Wohn-

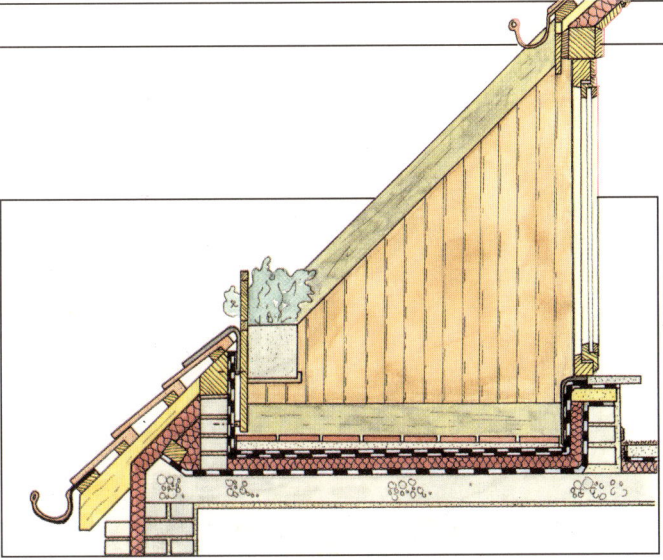

wert einer Dachgeschoß-wohnung und ermöglichen Leben im Freien. Dazu muß das Dach geöffnet werden: Öffnet man von der Traufe her, spricht man vom Dacheinschnitt, öffnet man das Dach nur in der Dachfläche, spricht man vom Dachausschnitt.

Dachformen

Ob ein Dachgeschoß sich für den Ausbau eignet, hängt von der Dachform ab, von der → Dachneigung und von der → Dachkonstruktion. Unter den Dachformen sind das Satteldach, das Walmdach und das Krüppelwalmdach am günstig-

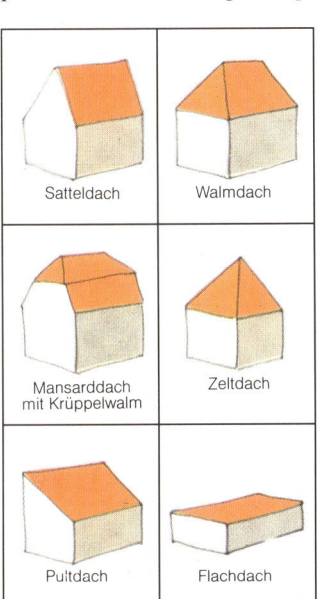

sten. Durch Aufmauern eines → Kniestocks läßt sich beim Satteldach, Walmdach und Zeltdach die von der Höhe her nutzbare Grundfläche vergrößern.

Dachgaube

Eine der Belichtungs-möglichkeiten fürs Dachge-schoß neben Dachflächen-fenstern, Fenstern in Gie-belwänden und den vergla-sten Wänden der Dachter-rassen. Gauben werden

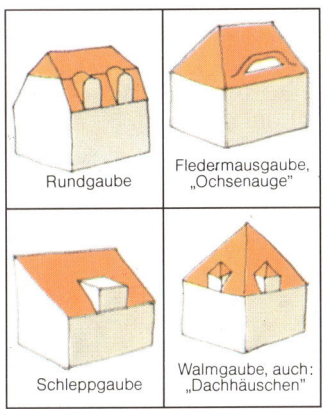

manchmal vom Denkmal-schutz vorgeschrieben.

Dachkonstruktionen

Neben → Dachform und → Dachneigung beeinflus-sen auch die Dachkonstruk-tionen die Möglichkeiten des Dachausbaus. → Pfet-tendach, → Kehlbalkendach, → Sparrendach.

Dachlattung

Latten aus Nadelholz, meistens im Querschnitt

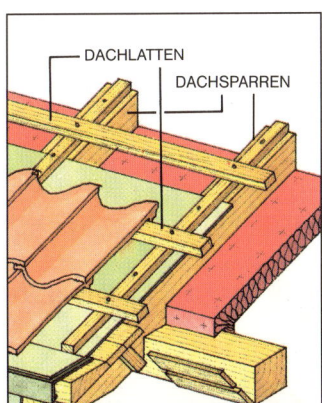

2,4×4,8 cm, auf denen die Dachziegel oder Betondach-steine gelegt werden. Zum Unterschied von der → Kon-terlattung verlaufen die Dachlatten parallel zu → First und → Traufe, also quer zu den Dachsparren.

Dachneigung

Neben der → Dachform und → Dachkonstruktion entscheidet die Dachnei-gung, ob ein Dachausbau

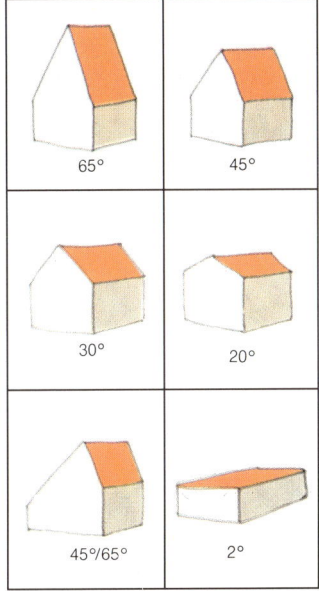

möglich, ob er günstig durchzuführen sei. Dach-neigungen von 35 bis 55 Grad sind für einen Ausbau am günstigsten.

Dachsparren

Die tragenden Holzbal-ken von der → Traufe bis zum → First.

Dampfsperre, Windsperre

Der bauphysikalisch rich-tige, sichere Aufbau eines wärmegedämmten Daches sieht an der warmen Raum-seite eine Sperrschicht vor: Sie verhindert, daß Wasser-dampf, also Feuchtigkeit in Dampfform, in die Dach-konstruktion eindringt und dort zu Feuchtigkeitsschä-den führt. Sie verhindert aber auch die nicht geplan-ten undichten Stellen in

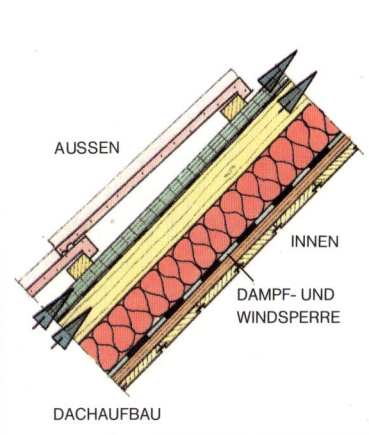

Dachflächen. Sie zu verhin-dern ist deshalb nötig, weil warme Innenluft, die durch Luftlecks durch das Dach strömt, ihren Wasserdampf-gehalt in die kalte Dachkon-struktion trägt, wo er sich ab-kühlt und Feuchtigkeit in der Wärmedämmung zu-rückläßt. Klaffende Fugen zwischen Dämmstoff und Sparren, Rand- bzw. Schat-tenfugen von Bekleidungen an Trennwänden und Dach-einbauten sind also durch winddichte Folien zu ver-hindern. Überlappende Fo-lien allein genügen nicht: Die Folien müssen verklebt sein. Die Winddichtheit, obschon im deutschen Re-gelwerk vorgeschrieben, wurde bisher vielfach ver-nachlässigt. Verläßlich dich-te Sperren an der Dachin-nenseite verhindern aber auch Lüftungswärmeverlu-ste und damit Energiever-schwendung. Und sie schüt-zen vor kostspieligen Bau-schäden.

Drempelwand

Die mehr oder minder hohe Wand aus unterschied-lichen Baustoffen, mit de-

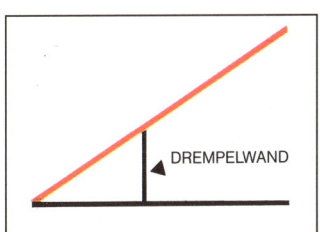

nen der niedrige Raum unter der Dachschräge, zur → Abseite hin, vom genutzten Raum abgetrennt wird.

First

Oberer Abschluß eines Schrägdaches, an dem beide Dachflächen aneinanderstoßen. Die Firstziegel oder Firststeine werden dabei entweder vermörtelt oder so ausgebildet, daß sie als Abluftöffnung für die Hinterlüftung dienen können.

Formziegel, Formsteine

Ziegel- oder Betonsteinelemente als Zubehör zu den Eindeckmaterialien: Dachdurchgangspfannen für Antennen, Schneestopp-

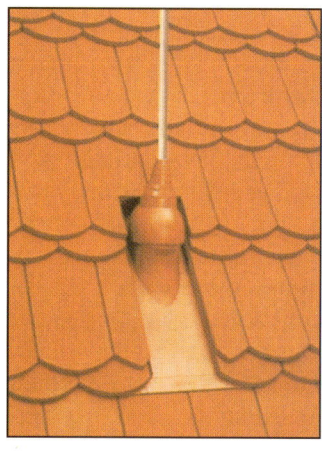

steine, Lüftersteine, Dunstrohre, spezielle Pfannen für → First oder → Ortgang. (Foto: Braas)

Grat

Erhabene Schnittlinie zweier Dachflächen, zum

Beispiel beim Walmdach, Krüppelwalmdach oder Zeltdach. → Dachformen. (Foto: Eternit)

Hinterlüftung

Der bauphysikalisch richtige Aufbau eines wärmegedämmten Schrägdachs be-

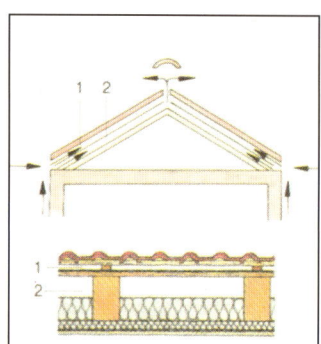

nötigt bei Wärmedämmung zwischen oder unter den Sparren in der Regel zwei Hinterlüftungsebenen: Die erste zwischen der Unterseite Eindeckung und der Unterspannbahn (oder dem Unterdach) auf den Sparren; die Höhe ist durch die Dicke der → Konterlattung gegeben, die längs der Sparren befestigt ist. Die zweite Hinterlüftungsebene liegt zwischen Oberseite Wärmedämmung und Unterspannbahn bzw. Unterdach. Sie muß mindestens 2 cm betragen, besser mehr. Dabei ist zu bedenken, daß Mineralfaser die Eigenschaft hat, nach dem Einbau um ca. 10 bis 30 Prozent der Nenndicke aufzugehen. Selbstverständlich müssen bei Hinterlüftungsebenen Zuluftöffnungen an der Traufe und Abluftöffnungen am First haben. Bei Dämmung auf den Sparren liegen die Verhältnisse anders: Dort ist in der Regel nur die Eindeckung zu hinterlüften. Aufgabe der Hinterlüftung ist es, eingedrungene Feuchtigkeit abzuführen. Eine Hinterlüftung, die nicht funktioniert, kann zu Durchfeuchtungsschäden führen.

Holzschädlinge

In vielen alten Häusern sind die Holzbalken der Dachkonstruktion und die Deckenbalken entweder von tierischen oder von pilzlichen Schädlingen befallen. Das gefährlichste Schadinsekt ist dabei der Hausbock-Käfer, dessen 15 bis 30 mm lange Larve gefährliche Schäden verursachen kann, bis hin zur verminderten Tragfähigkeit der Balken.

Da ein Laie Art und Umfang des Befalls nur schwer festzustellen vermag, ist es ratsam, einen Holzschutz-Spezialisten hinzuzuziehen. Bei Befall ist bekämpfende Behandlung mit chemischen Holzschutzmitteln notwendig. Oder Austausch stark befallener Balkenteile.

Wählen Sie nur Holzschutzmittel, die bestimmte Prüf- bzw. Gütezeichen tragen. Für den Profi: Das Prüfzeichen des Instituts für Bautechnik, ein Ü-Zeichen, und das RAL-Gütezeichen. Für den Heimwerker: Das RAL-Gütezeichen. Diese Prüfzeichen geben Sicher-

heit, daß das Holzschutzmittel wirksam ist und gesundheitlich unbedenklich bei bestimmungsgemäßer Verwendung.

Kehlbalkendach

Bei großen Sparrenlängen wird der Dachstuhl durch Kehlbalken D ausgesteift. So werden unwirtschaftliche Holzdimensionen vermieden. Im Firstdreieck entsteht der sogenannte Kehlspeicher, der bei Dachausbauten häufig ebenfalls ausgebaut und ge-

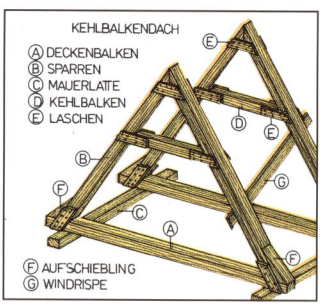

nutzt wird, zum Beispiel als Schlafbereich. → Pfettendach, → Sparrendach.

Kehle

Eingebettete Schnittlinie zwischen zwei stumpfwinkelig aneinanderstoßenden Dachflächen. Für die Ausbildung der Kehlen gibt es heute Fertigelemente, die

einen sicheren Wasserablauf gewährleisten. (Foto: Eternit)

Kniestock

Teil der Außenwand, der über das Niveau des Dachgeschoßfußbodens emporragt. Kann an den Traufstein auch nachträglich aufgemauert werden: Dadurch

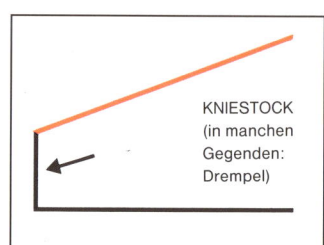

wird der Dachstuhl angehoben und die Grundfläche mit nutzbarer Höhe vergrößert. Häufig auch Drempel genannt.

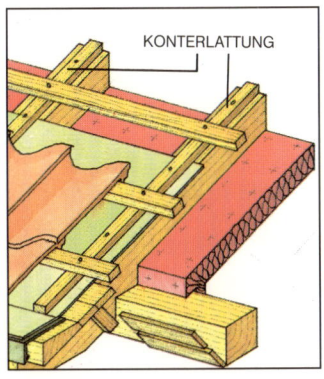

Konterlattung

Zum Unterschied von der Dachlattung, Latten, die auf den Sparren von unten nach oben, von der Traufe zum First befestigt werden. Aufgabe: Die Hinterlüftung der Eindeckung bei Dachziegeln und Dachsteinen zu gewährleisten.

Kunstharzverfahren

Ein mittlerweile bewährtes Verfahren zur Sanierung schadhafter Balken: Durch armierte Kunstharzprothesen für Balkenköpfe, Fußschwellen, Sparrenfüße und Fachwerkhölzer, durch Verstärken von Balken, Stabilisieren gelöster Verbindungen, Ergänzen fehlender Holzkleinteile und Ausfül-

len und dauerhaftem Verkleben von Schwundrissen, Reparaturfugen uws. Das Betaverfahren ist seit 1982 bauaufsichtlich zugelassen vom Institut für Bautechnik in Berlin. (Foto: Lömpel)

Lüfterziegel, Lüftersteine

Formziegel oder Formsteine, die eingesetzt werden, um die Hinterlüftung des Dachaufbaus zu gewähr-

leisten. Sie passen jeweils zu den Fabrikaten bzw. Systemen.

Ortgang

Abschluß der beiden Schrägdachflächen an den Giebelseiten. Dafür gibt es spezielle Ortgangziegel oder

Ortgangsteine, doch auch Schiefer oder Metallelemente werden eingesetzt.

Pfettendach

Das Pfettendach ist die einfachste Form des Zimmermann-Dachstuhls. Die Firstpfette C liegt auf den Giebelwänden auf. Größere Abstände werden durch Pfosten E überbrückt. Die Nutzung des Dachraumes ist dadurch eingeschränkt, doch wird ein geschickter Planer die Pfosten dieses einfach stehenden Stuhls ebenso einbeziehen können, wie die größere Anzahl von Pfosten oder Stielen beim zweifach stehenden Stuhl. Möglich ist auch, sie als Gestaltungselement im

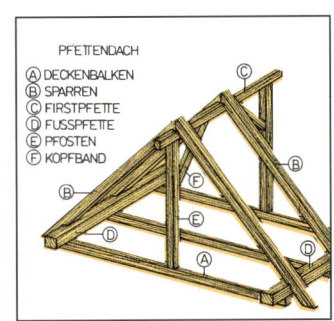

Raum sichtbar zu belassen. → Kehlbalkendach, → Sparrendach.

Schallschutz

Den Schallschutz nachträglich zu verbessern, vom → Trittschallschutz einmal abgesehen, kann nur Sache des Fachmanns sein, des Akustikers. Jede falsche Maßnahme kann die Belästigung verschlimmern. Hier wäre am falschen Ort gespart.

Sparrendach

Steildächer mit mehr als 40 Grad Neigung sind meist als Sparrendach ausgeführt. Da die Sparren weder unterstützende Pfosten noch Stiele haben, müssen sie stärker dimensioniert sein als bei anderen Dachformen. Gut

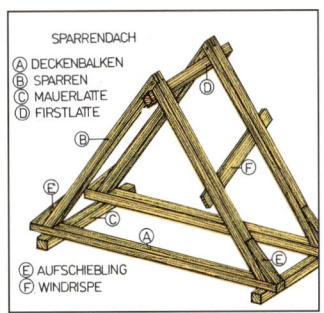

nutzbarer Raum. → Pfettendach, → Kehlbalkendach.

Standsicherheitsnachweis

Viele Holzbalkendecken in alten Häusern sind nicht ausreichend standsicher. Denn meist war beim Erbauen des Hauses ein späterer Ausbau des Dachgeschosses nicht geplant. Ist kein Standsicherheitsnachweis mehr vorhanden, muß ein Statiker die Konstruktion untersuchen. Das gilt auch für den Dachstuhl. Denn Decken- wie auch Dachkonstruktion müssen durch Dachausbau zusätzliche Lasten aufnehmen.

Traufe

Unterer Abschluß des Daches mit Regenrinne, Zuluftöffnungen, Traufgitter, um Vogeleinflug zu verhindern. (Foto: Braas)

Trittschallschutz

Empfehlenswerte Schallschutzmaßnahmen beim Dachausbau: Die Entstehung und Weiterleitung des Trittschalls wird weitgehend verhindert durch schwimmende Verlegung der obersten Schale des Fußbodens, also zum Beispiel der Fußbodenverlegeplatten, der Spanplatten. Dabei werden zwischen Fußboden-Verlegeplatte und Deckenbalken, zwischen Fußboden-Verlegeplatte und Wand jeweils Trittschalldämmstreifen gelegt. Schallbrücken werden damit unterbunden. Ein weicher Teppichboden als Oberbelag verbessert die Trittschalldämmwirkung noch. Vorsicht: Die Platten dürfen nicht mit der Deckenkonstruktion verschraubt sein: Dadurch entstünden Schallbrücken. Schwimmende Verlegung ist auch auf Trockenschüttungen möglich.

Unterspannbahn

Spezielle Kunststoffbahnen, die in der Regel auf den Sparren angebracht werden, also unter der → Konterlattung. Auch nachträgliches Einbringen ist möglich, zum Beispiel Befestigung durch zwei Latten an den Sparrenseiten, so daß die Bahn zwischen den Sparren ausgespannt ist. Unterspannbahnen dienen als Schutz gegen Regen und Schneeeintrieb. Sie müssen in der Regel → hinterlüftet sein.

Windsperre

→ Dampfsperre.

WO STEHT WAS?